한알의 밀알 55

미래교회 꼼꼼한 대안

유성준 교수가 새로 쓴

세이비어교회 이야기

Inward/Outward Together

세이비어교회 핵심 사역 원리

40th ANNIVERSARY Jubilee Jobs Work for Sustenance, Dignity, and Hope

희년직업소개사역

FLOC For Love of Children Teach. Empower. Transform.

어린이사랑모임

Church of Christ, Right Now

그리스도의교회, 지금 즉시

RECOVERY CAFÉ DC A REFUGE FOR HEALING + TRANSFORMATION

회복카페

Christ House

그리스도의집

유성준 지음

Jubilee Housing

희년주거사역

FAITH & MONEY network

믿음&재정네트워크

SAMARITAN INNS Combating Homelessness and Addictions. Rebuilding Lives

사마리아인 여인숙 사역

신앙과지성사

전환의 시대,
왜 세이비어교회인가?

나는 1976년 3월 21일 원주 51 후송병원에서 군대생활을 하며 회심을 경험한 후 그것이 소명이 되어 신학교에 갔다. 그 후 40여 년 나의 신앙여정에 가장 큰 영향을 준 교회는 미국 워싱턴 디시의 세이비어교회다. 세이비어교회는 교회역사에 150명 이상의 교인이 넘은 적이 없는 작은 교회이지만 영성Inward Journey과 사역Outward Journey의 균형을 위해 10개의 지 교회 형태의 사역공동체Faith Community와 각 사역공동체 안의 소그룹 미션그룹Mission Group들을 통해 교회가 위치한 지역사회에 45가지 이상의 사역을 실천하는Journey Together 역동적인 교회다.

특별히 이 교회를 시작한 고든 코스비 목사는 내가 가장 모범으로 따르고 싶은 목사님이다. 그 분을 1994년 세이비어교회의 토기장이의집에서 처음 만났을 때 코스비 목사는 "현대교회가 우리가 살고 있는 문화를 개혁하지 못하고 오히려 세상문화에 중독되어 있는 시대에 살고 있다"고 말씀하시며 "이것을 극복할 수 있는 것은 예수께서 공생애 기간 동안 지속적으로 말씀하시고 십자가와 부활을 통해 보여주신 하나님 나라의 가치관을 회복하는 것이고 그러한 삶을 공유할 수 있는 사람들을 세우고 함께 삶을 나누고 함께 사역하는 것이라"고 말씀하셨다. 그 후 10여 년 간 세이비어교회의 서번트리더십학교에 매주 화요일마다 참여하여 세이비어교회의 사역을 배우고 목회에 적용하며 깨달은 것은, 나의 신앙 여정에 이상적으로 생각했던 교회를 실제적으로 실천하고 있는 교회가 바로 세이비어교회라는 감동이었다.

코로나19 상황으로 한국교회는 심각한 위기의 상황을 경험하고 있다. 그러나 이 위기는 코로나로 인한 팬데믹 이전부터 예고된 위기였다. 근본적인 한국교회의 위기는 '교회의 교회됨의 위기'이다. 이 시대 한국교회가 참된 교회Authentic Church가 되기 위해서는 무엇보다 성서가 조명하는 바른 방향을 회복해야 한다. 그동안 한국교회는 교회의 본질에 대하여 성찰하기보다는 개교회 중심의 성장에만 집중하면서 그 부작용과 한계가 외적으로 드러나고 있다. 교회갱신 운동은 종교세속화의 흐름 속에서 교회의 역할을 다시 설정하고 본질을 추구하여 사회적 공신력을 회복하려는 노력이다.

그동안 한국교회의 부흥을 이룬 큰 흐름이 교회성장운동이었음은 부정할 수 없다. 교회성장은 교회의 가장 중요한 목표요, 과제요, 평가의 기준이었다. 그러나 외적 성장에 비례하여 교회와 교인의 내적 변화와 성숙이 따르지 못했기 때문에, 사회적 상황과 변화에 따른 교회의 사회적 책임에 대한 각성의 목소리가 높아지기 시작했다. 한국교회의 성장 둔화와 교회에 대한 부정적 이미지는 신앙 공동체의 정체성 위기를 의미한다.

코로나19 상황 가운데 "한국교회 신생태계 조성 및 미래전략 수립을 위한 설문조사"(기독교데이터연구소 2020년 8월 13~21일)[1]에 의하면 코로나 이전과 이후 종교별 신뢰도 변화를 묻는 질문에 63%가 개신교에 대한 신뢰도가 '더 나빠졌다'고 답했고, '비슷하다'는 34.8%였으며 '더 좋아졌다'는 1.9%에 불과했고 특히 개신교에 대해 '더 나빠졌다'는 응답의 대다수가 19세~29세(72.6%)의 젊은 세대와 학생(72.6%)에서 두드러졌다. 반면 불교와 가톨릭에 대한 신뢰도는 이전과 '비슷하다'는 응답이 86.8%, 83%로 이전과 별 차이가 없었다. 개신교 신뢰도 회복에 대하여 응답자의 60.6%는 '윤리와 도덕실천 운동' 49.6%는 '사회적 약자 구제 및 봉사'라고 응답하였다.

1990년 초반까지 한국교회를 논할 때에는, 한국교회는 왜 성장하는가, 그 성장에는 어떤 문제가 있는가를 설명하는 것이 주된 내용이었다. 그러나 1990년대 후반부터는, "왜 한국교회는 정체되고 있는가?" 그리고 "어떻게 다시 회복할 수 있는가?"가 주요 논쟁점으로 대두되고 있다.

코로나19 상황 가운데 한국교회가 교회됨을 회복하기 위해서는 수직적인 공동체 운영에서, 참여와 소통이 가능한 수평적인 서번트 목회의 활성화로 교회 본질을 회복하고, 교회의 사회적 공신력과 선한 영향력의 회복을 통전석으로 이루어야 한다.

1 기독교데이터연구소 설문조사. 2020년 8월 13일~21일.

나는 1981년부터 23년 동안 미국에서 학업과 목회를 마치고 2004년 한국으로 돌아올 때, 두 가지 기도 제목이 있었다. 첫째는 한국에서 교수로 청빙해 준 모교를 위해서 사역하는 것이고, 둘째는 미국에서 경험한 21세기 가장 혁신적인 교회 모델 중 하나인 세이비어교회를 한국교회에 미래목회의 대안모델로 소개하고 적용하는 것이었다. 한국에 돌아와 새로운 환경과 많은 문화적인 충격을 경험하며 살펴본 한국 개신교회는 심각한 위기와 도전 속에 있었다. 한국교회의 외적 위기는 인구절벽, 고령화, 저출산, 양극화, 청년실업, 교회의 신뢰도 추락, 안티기독교 세력의 확산, 소득 3만 불 시대 등 여러 문제가 산재했다. 내적 위기는 기복신앙, 이원론적 신앙생활, 교인 관리만을 위한 프로그램들, 세속주의, 물질만능주의가 만연했고, 무엇보다 목회자와 교회 리더들의 정체성의 위기Identity Crisis가 심각하였다. 수년간 출판과 초교파적인 강연활동을 통해 대부분의 목회자와 의식 있는 성도들이 새로운 교회의 방향에 대하여 지대한 관심과 갈증을 가지고 있음을 확인하였다.

이 책은 코로나19 이후 한국교회의 변화와 미래목회의 희망을 찾고자 집필하였다. 철저한 영성과 지역사회 사역의 균형을 소그룹 공동체를 통해 실현하는 세이비어교회 모델의 핵심을 대안으로 제시하고자 한다. 특별히 주목할 것은 지난 2005년『미국을 움직이는 작은 공동체 세이비어교회』[2]를 출간한 이후 진행해 온 서번트 목회의 핵심을 정리하여, 우리의 상황 가운데 적용 가능한 보다 실제적인 사역 매뉴얼을 제공하는 것이다.

---

2 유성준,『미국을 움직이는 작은공동체, 세이비어교회』(서울: 평단출판사, 2005)

세이비어교회는 개척 때부터 숫자가 주는 힘의 유혹을 의도적으로 거부하였다. 많은 현대 교회들이 추구하는 성장주의에 매몰되거나 시대에 따라 유행하는 프로그램에 맞춰 사역하지도 않았다. 설립자인 고든 코스비 목사는 "내적인 영성, 영성의 외적인 표출로서의 외적인 사역, 그리고 사랑과 책임 있는 공동체에 중점을 둔, 작지만 밀도 있게 헌신하고 훈련된 사람들의 모임이 세상을 변화시킬 수 있다"고 역설한다.[3] 그는 "교회가 참된 교회가 되기 위해서는 먼저 교회의 리더들이 참된 존재가 되어야 하고, 교회는 자신이 존재하는 지역사회를 섬겨야 하며, 각 지역의 교회들은 함께 사역해야 된다"고 강조한다.

코스비 목사가 은퇴한 이후 세이비어교회는 독특하게도 후임자를 정하지 않았다. 대신 세이비어 본부교회를 해체하고 그동안 함께 사역하던 지교회 형태의 10개의 사역공동체를 독립시켰다. 나는 위기에 처한 한국교회가 교회의 패러다임을 전환하여 개교회주의, 성장주의 일변도의 목회 철학에서 벗어나 중대형교회들은 한국교회의 80%가 넘는 소형교회와 미자립교회들이 의미 있게 사역할 수 있도록 지원하고, 큰 교회를 작은 교회로 분립하여 함께 공동체를 세우는 일이 무엇보다 시급한 과제라고 생각한다.

깊은 영성과 사역의 균형을 강조하며 철저한 입교과정과 고도의 훈련으로 헌신된 사역자들을 양육해 지역사회를 섬기는 세이비어교회의 핵심적인 목회 철학은 ① 영적인 삶을 통하여 예수님을 닮아가는 삶을 추구하고, ② 예수님이 보여주신 긍휼의 마음으로 교회가 위치한 지역사회

---

3 위의 책, 43.

를 섬기며, ③ 예수님이 공생애기간 섬기셨던 소외자들을 섬기는 일에 헌신하며, ④ 용기와 희생적인 삶을 통해 세상을 변화시키는 일에 헌신하는 것이다.[4] 이것은 코로나19로 위기 가운데 있는 한국교회의 미래 목회의 방향에 중요한 대안이 될 수 있다.

이 책에서는 그동안 출간하였던 세이비어교회와 서번트 목회에 관한 나의 연구와 저서들을 보완하여 한국교회의 상황에 실제적으로 적용 가능한 목회의 비전을 제시할 수 있도록 구성하였다.

제1부에서는 세이비어교회의 간략한 역사와 설립자인 고든 코스비의 생애와 목회 철학, 그리고 대표적인 사역들과 내적인 여정Inward Journey, 외적인 여정Outward Journey, 함께하는 여정Journey Together을 포함하는 핵심 사역 원리에 대해서 소개한다.

제2부에서는 그동안 소개해 온 세이비어교회의 10개의 사역공동체와 45가지의 연관되는 사역들이 실제적으로 어떻게 운용되고 있는지 구체적인 사역 매뉴얼을 소개한다.

제3부에서는 예수님이 그의 삶을 통해서 모범으로 보여주신 사역의 핵심인 서번트 리더십에 대해 고찰하고자 한다. 서번트 리더십은 예수님의 제자도 모델이고, 오늘날 우리들의 사역의 가장 중요한 기초이다. 특별히 탈권위를 강조하는 포스트 모던 시대에 섬김을 강조하는 서번트 리더십은 코로나19 이후 시대적인 요청이라고 할 수 있다. 서번트 리더십의 기본적인 개요와 목회적 적용, 그리고 헨리 나우웬의 통찰력을 통해

4 위의 책, 21.

지혜를 얻고자 한다.

제4부에서는 서번트 목회의 한국교회 적용에 대해 기술하는데, 한국교회는 입으로만 전도하는 시대는 지났다고 얘기하고 있다. 코로나19를 경험하며 한국 개신교는 심각한 쇠퇴의 위기에 직면해 있다. 이제 교회는 설교와 예배, 훈련, 봉사, 진정한 성도의 교제가 삶과 사역들이 통전적으로 이루어지는 공동체가 되어야 한다. 비대면 사역과 개인적인 영성의 체계화, 소그룹 사역의 활성화와 새로운 기준에 대한 대안이 시급하다. 본회퍼가 말한 것처럼 개교회 중심의 '게토화'를 극복하고 예수님께서 공생애를 통해 지속적으로 말씀하신 '하나님 나라 운동'으로서의 교회를 지향해야 한다.

무엇보다 참된 교회됨의 회복은 한국교회의 가장 중요한 당면 과제이다. 영성과 삶, 사역의 철저한 균형을, 공동체를 통해 실현할 가능성이 열리고, 각자의 사역에 상황화Contextualization 할 수 있는 실제적인 통찰력을 얻는 기회가 되기를 기대한다.

이 책이 나오기까지 수고하시고 도와주신 한국과 미국의 여러 동역자에게 진심으로 감사드린다. 위기의 시대에 주님이 피 값 주고 세우신 교회들이 진정으로 하나님이 기뻐하시는 교회들로 세워지는 일에 실제적으로 일조할 수 있기를 간절히 기원한다.

2021년 11월

김제 백산학당에서

유성준

차례

제2부 세이비어교회를 움직이는 힘

제4부 미래교회를 위한 꼼꼼한 대안

제1부
세이비어교회 이해하기

만일 우리가 모든 사람을 위한 안전과 사랑의 공동체의 비전 안에서 살아간다면 우리는 내적인 힐링을 경험하게 될 것입니다. 그때 우리 모두는 다 함께 이렇게 말할 수 있을 것입니다.
"과거 나는 쓸모없는 자였습니다. 하지만 지금 나는 중요한 존재입니다. 과거 나는 어떤 공동체에도 속하지 못했습니다. 하지만 지금 나는 하나님 백성 공동체의 일원이 되었습니다."

– 고든 코스비

1.

세이비어교회는 어떤 교회인가?

1947년 고든 코스비Gordon Cosby 목사에 의해 설립된 세이비어교회는 철저한 입교과정과 고도의 지속적인 훈련과정을 통해 150명 정도의 교인으로 미국을 움직이는 영향력 있는 급진적인 제자공동체로 잘 알려져 있다. 교회 개척부터 수많은 사람이 세이비어교회에 대한 이야기를 듣고 이 특별한 공동체를 방문하는데, 첫 번째 질문은 "세이비어교회는 어디에 있는가?"였는데, 대답이 쉽지 않다. 왜냐하면 세이비어교회는 지교회 형태의 각자 독립된 비영리단체로 등록된 10개의 사역공동체와

고든 코스비 목사

'세이비어교회 이해하기'는 그동안 필자가 출간하였던 『미국을 움직이는 작은 공동체』, 『세이비어교회』(2005), 『세이비어교회-실천편』(2007), 『예수처럼 섬겨라』(2009), 『작은 공동체가 희망이다』(2009), 『위대한 힘에 사로잡힌 삶』(2015)에 소개한 고든 코스비 목사와 세이비어교회에 관한 내용을 재구성하여 소개하는 내용임을 밝힌다. 이미 세이비어교회에 관하여 탐구하고 있는 독자나 처음 대하는 독자 모두에게 코로나19 이후 전환의 시대에 미래교회를 향한 새로운 통찰력을 얻는 기회가 되기를 기대한다.

고든과 메리 부부

45가지의 지역사회 사역으로 연결된 유기적인 공동체이기 때문이다. 이들의 여러 가지 사역을 하나로 묶어주는 것은 예수 그리스도가 몸으로 보여주신 희생과 사랑으로 연결된 공동체성이다.

세이비어교회는 1947년 고든 코스비 목사와 그의 아내 메리에 의해 시작되었다. 제2차 세계대전 당시 고든 코스비 목사가 101공수부대 군목으로 복무할 때, 그는 새롭고 혁신적인 교회에 대한 기초적인 아이디어를 가지게 되었다. 코스비 목사는 처절한 전쟁과 전투를 치루는 많은 젊은이가 아무런 준비 없이 죽음을 맞이하는 생사를 넘나드는 위험한 상황에 처해 있을 때, 기독교 신앙을 가진 젊은이들까지도 신앙이 그들의 삶을 지탱해 주지 못하는 것을 목격하게 되었다. 그리고 자신을 포함한 군목의 역할이 영혼에 대한 실제적인 관심보다는 사역의 양적 성장에 대한 보고에만 귀착되어 있는 현실을 자각하게 되었다. 이 같은 현실을 보며, 코스비 목사는 신약성서가 계시하는 예수님의 가르침을 심각하게 받아들이는 초대교회적인 새로운 양상의 목회를 위해 헌신하겠다고 결단하게 되었다.

고든은 그때 경험을 이렇게 고백한다.

"지금부터 나는 진실된 목회를 할 것이다. 만일 필요하다면, 일생동안 교인이 한 사람, 다섯 사람, 또는 열 사람이라도 그들과 함께 진실된 목회를 할 것이다. 기독교 신앙은 그리스도를 통해 한 사람이라도 그의 생애에 새로움과 다름을 생성시켜야 하는 것이기 때문이다. 그리고 나는 전역 후 그 꿈을 다른 사람들과 나누기 시작했다. 전적으로 하나님께 헌신하는 사람들을 통해 하나님이 이루시는 공동체를 만드는 역사를 꿈꾸기 시작하였다."

교회 개척 후 첫 모임에 고든 코스비 목사의 비전에 동의하는 7명이 참석하였고, 1950년에는 19명의 교우들이 워싱턴 디시(2025 Massachuetts Ave.)에 교회 건물을 구입하여 입당하였다. 2008년 고든 코스비 목사가 은퇴할 때까지 이 본부교회에서 예배를 드렸다.

1960년대 알라바마의 셀마에서 있었던 행진으로 흑인인권운동이 시작되고 토기장이의집 카페가 워싱턴 디시의 빈민가인 아담스 모르간 지역에서 시작되었다. 세이비어교회는 피폐한 도시빈민들의 상황을 보며 강력한 소명을 가지게 되었고, 빈민지역을 위한 사역들이 1970년대와 1980년대에 이 소명에 대한 응답으로 아담스 모르간 지역에서 시작되었다.

1976년 핵심교인이 120여 명이 되었을 때 세이비어교회는 의도적으로 6개(지금은 10개)의 소명과 리더십, 소그룹 미션그룹을 가진 독립적인 지교회 형태의 사역공동체로 분립하게 되었다. 이때부터 각 공동체는 2~3명이 특별한 사역에 소명받은 사람들이 모인 소그룹 미션그룹을 통하여 수많은 지역사회 사역들이 아담스 모르간에서 시작되었다. 그리고 대부분의 사역들은 비영리단체로 등록이 되어 지금까지도 독립적으로 운영되고 있다. 세이비어교회는 지난 75년의 역사 속에 지역사회와 함께하며

세이비어교회가 시작된 본부 교회. 고든 코스비 목사는 은퇴하며 본부 교회를 해체하고 10개의 사역공동체를 모두 독립시켰다.

사회정의를 실현하는 4가지의 핵심적인 사역의 철학을 가지고 있다.

첫째는 소명이다. 우리 모두는 하나님으로부터 받은 은사를 사용하여 무언가를 하도록 부르심을 받았다. 교회공동체는 그 부르심을 발견하고 양육할 책임이 있다.

둘째는 은사이다. 모든 사람은 은사를 가지고 있고, 한 사람이 모든 은사를 가질 수 없다. 교회공동체는 각자의 은사를 발견케 하고 사용할 수 있도록 도와야 한다. 은사는 설교, 행정, 환대, 상담, 유머처럼 다양한 모습을 가지고 있으며 모든 은사는 환영받고 선용되어야 한다.

셋째는 내적인 여정과 외적인 여정이다. 세이비어교회는 내적인 여정과 외적인 여정에 헌신하여 개인으로서, 그리고 부름받은 공동체로서 존재하고 유지된다. 매일 성경공부, 명상과 기도는 내적인 여정에 필수적이다. 영적인 보고들, 소그룹 모임참여, 소그룹 미션그룹을 통해 함께 사역하는 것들이 영적 체계화에 필수적이다.

넷째는 공동체이다. 각 예배공동체는 각자의 방법대로 찬양, 말씀과 성찬을 통해 각자의 내적인 여정과 외적인 여정에 참여하며 함께 축하한다. 구성원들은 공동체적으로 동등하게 신앙의 여정에 헌신하며, 서로 책임적인 존재가 되도록 격려한다. 사역이 힘들 때도 있지만 그 중심에는 항상 기쁨이 함께한다.

우리는 여기서 세이비어교회만의 독특한 출발점을 엿볼 수 있다. 세이비어교회는 시작부터 교인 수의 성장보다는 소그룹을 통해 그리스도께 헌신된 그리스도인을 세우는데 초점을 맞추어 온 것을 볼 수 있다. 대부분 기성교단의 구조가 강조하는 것은 교인수의 증가와 조직을 유지하기 위한 부담금이나 기금모금이 사역의 중요한 중심이 되어가는 것을 보게 된다. 이러한 현상은 개인이나 교단이나 누구도 원하는 결과는 아닐 것이다. 그렇다면 이러한 현상은 왜 생겨나는 것일까? 존 웨슬리 목사가 영국에서 메도디스트 운동을 시작할 때의 전통은 작은 공동체(소그룹)를 강조하는 것이었다. 그리고 개인적 성화가 사회적 성화로 연결되도록 성도들을 양육하였다. 그러나 점점 커져가는 교단의 구조가 교회의 중심이 되어갔고, 점진적으로 이러한 상황이 전환되었을 것이라 추측한다. 많은 목회자들은 신자들이 하나님과 깊은 관계를 맺고 세상에서 하나님의 소명을 이루는 삶을 살도록 양육하는 목회를 하고 싶다는 열망을 갖고 있다. 그러나 현재 한국교회를 포함하여 주류교단의 목회의 구조적 문제는 그것의 가능성을 실현하기 위한 많은 도전에 직면하여 있다.

세이비어교회의 이론적인 기초를 놓은 엘리자베스 오코너는 여러 권의 책을 썼는데, 그녀의 책들을 통해 많은 사람이 세이비어교회를 알게 되었다. 그는 1963년 『헌신에로의 부름』*Call to Commitment*이라는 책에서 많은 목회자들이 가지는 현실적인 고민에 대해 소개하고 있는데 하나님께 헌신하고 교회를 갱신하기 원하는 목회자들에게 오늘날에도 많은 통찰력을 주고 있다.

> "오늘날 많은 젊은 목회자들이 이제는 더 이상 자신들을 존속시킬 수 없는 목회에 몸을 담을 수 없다고 느끼고 있다. 현존하는 목회의 구조는 너무 교단구조의 중요성을 강조하고, 또한 그것을 어떻게 바꿔야 할지도 알 수 없다. 목회에 대한 혐오와 사랑이 교차적으로 마음을 차지한다. 그들은 교회를 사랑하고 보화처럼 가장 귀하게 여긴다. 그러나 조직과 구조는 교회를 사랑할 수 있는 마음도 부여했지만, 성령의 인도하심에 따라 목회할 수 있는 마음에 대한 갈등을 느끼게 한다."

그녀의 주장은 오늘날 우리 교회의 현실과도 무관하지 않으며, 지난 75년의 세이비어교회의 역사는 우리에게 중요한 통찰을 준다.

엘리자베스 오코너 Elizabeth O'Conner 작가, 사역자, 교사, 상담가 1954년부터 1998년 소천할 때까지 세이비어교회의 스텝으로 활동하였다. 세이비어교회 교인들의 필독서인 『헌신에로의 부름』(1063년)과 『내적인 여정, 외적인 여정』(1968년)의 자자이다. 그 외 『아주 많은 우리 자신』*Our Many Selves: A Handbook for Self Discovery*, 『창조의 여덟째 날』*Eighth Day of Creation: Gifts and Creativity*, 『침묵을 찾아서』*Search for Silence*, 『새로운 공동체』*The New Community*, 『흩어진 순례자들에게 보내는 편지』*Letters to Scattered Pilgrims* 등이 있다.

2.
설립자 고든 코스비 목사의 생애와 사역

23년간 미국에 살면서 나에게 가장 큰 영향을 준 교회는 워싱턴 디시에 위치한 세이비어교회이다. 이 교회는 철저한 입교과정과 고도의 훈련을 통해 150여 명 정도의 교인으로 교회의 사회적 활동에 있어 미국의 교계를 움직이는 가장 혁신적인 교회의 모델로 평가받고 있다.

1) 영성과 사역의 철저한 균형을 강조하는 목회 철학

세이비어교회가 개척 때부터 지향해 온 목회 철학은 "영적인 삶을 통해 예수님을 닮아가는 삶을 추구하고, 예수 중심의 사회적 활동을 통해 지역사회를 섬기며 가난한 자, 버림받은 자, 소외된 자들에게 헌신하는 삶을 살며 세상을 변화시키는 사역"이다.

이러한 정신이 원동력이 되어 1960년도에 지역사회 사역인 카페와 서점을 동시에 운영하는 '토기장이의집'이 생겼다. 그리고 저임금 가족을 위한 임대주택 보급 사역을 실시하고, '그리스도의집'과 '사마리아인의집', '미리암의집' 등의 치유 사역을 통해 빈민지역의 주민들과 실업자, 노숙자, 마약 중독자, 알코올 중독자들을 치유하고 재활할 수 있도록 돕고 있다. 지난 75년의 역사를 통해 이제 세이비어교회는 7개 분야에 45가지의 연관된 지역사회 사역을 진행하며 연간 2,000만 달러 이상의 예산을 집행하는 역동적인 교회가 되었다.

2) 코스비 목사 부부의 만남과 결혼

세이비어교회의 개척자인 고든과 메리는 버지니아주의 린치버그에 있는 리버몬트 에비뉴 침례교회에 메리의 부친이 담임목사로 부임해 왔을 때 처음 만났다. 그 당시 메리는 10세였고 고든은 15세였다. 미국 남부의 교회는 종교생활뿐만 아니라 사회생활과 사교생활의 중심이기도 했다. 그렇기 때문에 그들이 한 교회 안에서 친하게 지내며 자라났던 것은 당연한 일이었다.

고든은 19세가 되자 곧바로 신학교에 입학하였고 그곳에서 몇 년을 지내면서, 일반 대학교에서 공부하는 것이 중요하다고 느꼈다. 그래서 신학교에서 대학으로 편입하여 공부하였다. 그리고 켄터키주 루이빌에 있는 남침례교신학대학교에서 신학 공부를 마쳤다. 고든은 신학과 일반대학 두 과정

고든 코스비 목사와 메리 여사의 다정한 시간

을 동시에 공부하여 졸업하였고 메리는 일반대학을 마쳤다. 그리고 대학 졸업 후 8일 만에 결혼하였다.

신학교 재학시절 고든은 자신이 보고, 알고 있던 교회와 신약성서에서 읽은 교회 사이에 많은 차이가 있다는 것을 깨달았다. 고든은 메리에게 "어떻게 하면 이 둘 사이의 불일치를 줄이고 온전한 교회를 만들 수 있을 것인가?"에 대해 기회 있을 때마다 이야기했다.

새로운 교회에 대한 열망은 고든에게 있어 매우 자연스러운 것이었다. 그는 15세 때부터 당시 린치버그의 조그마한 흑인교회를 섬기는 설교자로 3, 4년을 보낸 적이 있다. 그가 한 번은 흑인동네를 방문하던 길에 오래되어 버려진 건물 한 채를 발견했는데, 그 건물은 이 지역에 있는 흑인교회 중 하나로 금방이라도 쓰러질 것 같은 모습이었다. 그 교회는 목회자를 모실 여유가 없기 때문에 교회 문을 닫은 것이었다. 고든은 그들의 목회자가 되겠다고 제안했고, 다음 주일 그 교회에 가서 시범으로 설교를 하였다. 그리고 신학교에 갈 때까지 계속해서 주일마다 그곳에 가서 예배를 드렸다. 고든은 그곳에서의 경험이 어떤 면에서 신학교에서 배울 때보다 자신의 신앙을 더 많이 성숙시키는 기회가 되었고 새로운 교회에 대한 열망을 가지는 출발점이 되었다고 회고한다.

3) 제2차 세계대전에 군목으로 종군, 인간의 한계를 목격

신학교를 마치고, 고든과 메리는 버지니아주 알링톤에 있는 작은 침례교회로 부임해 갔다. 그들은 그곳에서 1년 동안 있었다. 제2차 세계대전이 발발하자 고든은 군목으로 사역하게 되었다. 고든은 2년 반 동안 군

군목 시절 말씀을 전하는 고든 코스비 목사

목 생활을 했으며, 군대생활 동안의 경험은 그가 속한 남침례교단으로 다시 돌아와 목회하는 것이 쉽지 않을 것이라고 생각하는 계기가 되었다.

군목으로서 그는 101공수부대와 함께 유럽으로 파병되었다. 그가 참전한 곳은 노르망디 상륙작전 등 가장 치열했던 격전지였다. 그는 죽어가는 장병들과 함께했고, 그들이 전혀 준비되지 않은 죽음을 맞는 것을 보있다. 그동안의 그의 교회생활은, 그때 그가 보았던 삶과 죽음의 경험과는 동떨어진 것이었다. 2년 반 동안의 고된 시련을 거치면서 그는 다시 전과 같은 목회로 돌아갈 수 없다는 것을 깨달았다. 그는 메리에게 편지를 써서, 우리는 어떤 형태든 새로운 목회를 시작할 것이라고 이야기한다. 그 새로운 것이 어떤 것인지 정확히 알지 못했지만, 예전의 조직 속으로 다시 돌아갈 수 없다는 것은 확실했다. 그가 전장에서 경험하고 보았던 것들은 쉽게 이해할 수 있는 것들은 아니었다.

4) 평등사상과 교인들의 온전함 추구에 대한 비전

고든이 생각한 새로운 교회의 가장 중요한 핵심은 두 가지였다. 첫 번째는 새로 시작하는 교회는 인종적으로 차별이 없어야 한다는 믿음이다. 1940년대 인종차별이 심한 미국 남부지역에서 그와 같은 생각을 가지고 있었다면, 아마도 당시 침례교회에서는 그를 파송하지 않았을 것이다. 두 번째는 교인들의 정직성과 성실성을 철저하게 실현하는 교회였다. 고든이 전쟁 기간을 통해 한 가지 깨달은 것은 병사들이 어느 교단에서 신앙생활을 하든지, 그들의 삶과 죽음의 방식에 전혀 영향을 끼치지는 않는다는 것이었다.

고든은 그들의 비전을 어떻게 실현해야 할지 알 수 없었다. 그는 처음에 그 큰 꿈을 이루기 위해서는 큰 교회가 되어야 할 것이라고 생각했다. 그는 당대 재벌인 존 록펠러가 쓴 사설을 읽었다. 그 사설의 내용은 에큐메니컬 운동과 뉴욕시에 있는 리버사이드교회를 통해 록펠러가 그 운동에 참여하는 것이었다. 그는 록펠러의 동역자들과 자신의 비전을 나누기 위해 뉴욕에 찾아갔다. 그들과 만남이 그의 새로운 사역에 뒷받침이 될 것이라고 생각해서, 혹은 그들이 사역에 재정적인 도움을 줄 수 있을 것이라고 생각했다. 그러나 그들은 전혀 다른 비전을 가지고 있는 것을 깨닫게 되었다.

그 경험을 통해 고든은 큰 것을 통해 엄청난 일을 해야 한다는 생각을 버릴 수 있었다. 이것이 그가 군목 생활로부터 돌아온 첫해의 일이었다. 결국 코스비 목사는 전쟁을 통해 얻은 좌절과 경험을 구체적으로 사역에 적용하기로 결심한다. 그리고 진정으로 세상을 변화시키는 것은 고도의 영적 훈련을 받은, 자신을 헌신할 수 있는 사람들로 구성된 공동체에 의해서 가능하다는 생각이 이때부터 뿌리내리기 시작한다.

5) 세이비어교회의 개척과 입교인 훈련과정 시작

그 후 메리의 아버지가 워싱턴 디시 근교의 버지니아 알렉산드리아에 있는 제일침례교회에 담임목사로 부임해 오게 되었고, 그로 인해 그들은 워싱턴 디시 지역을 그들의 사역 기반으로 삼게 된다. 그들이 생각했던 다음 단계는 그들의 비전을 위해 워싱턴 디시 지역에 건물을 구하는 것이었다. 그 당시 그들과 함께했던 유일한 사람은 뉴욕 월가의 투자 상담자였던 밥 네프 씨였다. 고든은 건물 구입과 관련하여 회계를 맡아달라고 부탁했고 그는 그와 관련하여 그들이 얼마의 재정을 가지고 있는지 물었다. 고든은 그에게 자신의 할아버지가 37달러를 유산으로 주었다고 이야기했다. 그것이 그들의 첫 번째 건물을 위한 재정이었다. 그리고 워싱턴 디시의 19번가에 위치한 한 작은 건물을 구입했다. 그는 1946년 그의 아내 메리 코스비와 다른 7명과 함께 그 새로운 꿈을 향한 첫발을 내딛었다. 그리고 그곳에서 1947년 훈련기관인 '그리스도인의 삶을 위한 학교' The School of Christian Living라는 이름 아래 세이비어교회의 최초 입교훈련 프로그램을 실시하며, 첫 번째 교인 멤버십 헌신 서약자를 세우게 되었다.

19번가에 위치한 그 건물은 오래되고 초라했지만 보수작업을 마쳤을 때, 그 건물은 아름다운 작은 예배당이 되었다. 메리는 예술적인 재능을 살려 매우 그 건물을 아름답게 장식을 했다. 고든 부부는 아름다움은 인간의 영혼을 살찌운다고 믿었기 때문에 그 후 어떤 사역을 하던 모든 공간은 미학적으로 아름답게 꾸미도록 노력하였다.

6) 철저한 내적 훈련과 외적 실천의 혁신적인 모델교회

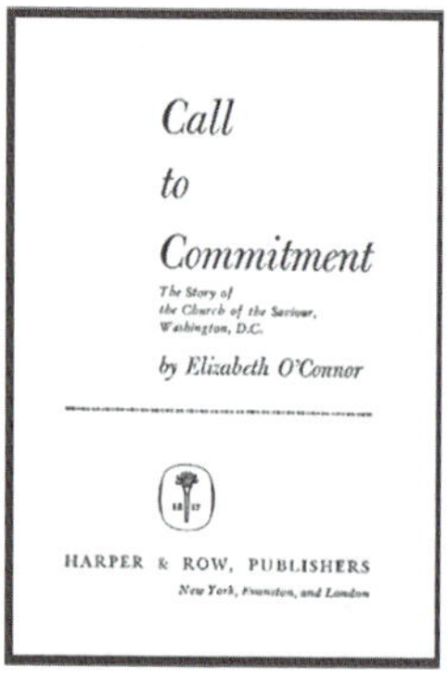

『헌신에로의 부름』

『내적인 여정, 외적인 여정』

세이비어교회가 세인들에게 알려지기 시작한 것은 1953년 리더스 다이제스트Reader's Digest에 세이비어교회의 독특한 목회가 소개되었을 때이다. 그리고 세이비어교회의 교인이었던 엘리자베스 오코너가 세이비어교회의 목회 철학을 정리한 필독서인 『헌신에로의 부름』*Call to Commitment*과 『내적인 여정, 외적인 여정』*Journey Inward, Journry Outward*을 소개하며 21세기 교회가 갖추어야 될 가장 혁신적이고 실험적인 모델로 주목받게 되면서부터이다.

교회가 시작되고 사람들이 세이비어교회를 찾아올 때는 소문을 듣고 오는 경우가 많았다. 소문을 들은 사람 중에서 교회의 목회 철학에 대해 심각하게 받아들인 사람들은 교회 안의 훈련기관인 '그리스도인의 삶을 위한 학교'에 찾아왔고, 한 사람 한 사람씩 결단하기 시작했다. 교회가 모든 사람을 다 수용하기는 어렵다고 생각하여, 1976년 두 개의 다른 사역공동체로 교회를 나눌 때까지 120명 정도의 교인들이 있었다.

교회가 시작되며 시행했던 중요한 한 가지는 모임의 조직과 훈련이 매우 필수적이라는 것이다. 그 모임과 훈련이 바로 1988년에 세워진 '섬김의 리더학교' The Servant Leadership School로 발전하였고, 지교회 형태의 사역공동체들이 세워졌으며, 각 공동체 안에 소그룹 미션그룹들이 시작되었다.

7) 핵심 사역인 소그룹 사역공동체 시작

소그룹 미션그룹Mission Group을 만들기 전 사역 초기에 그들은 소그룹 혹은 성장그룹이라는 이름으로 소그룹들을 조직하였다. 소그룹은 웨슬리의 감리교 운동에서 영향을 받은 것이다. 만약 그들이 소그룹 안에서 사람들을 양육할 수 있다면, 그것을 바로 사역으로 연결할 수 있다고 생각했지만 그런 일들은 일어나지 않았다.

사역 초기 세이비어교회의 대부분 사람은 자신들에게 영적인 훈련Inward Journey이 주어졌다 할지라도 외적인 실천Outward Work에 부담을 느꼈으며, 가난한 사람들을 위해 시간과 노력을 할애하는 일이 쉽지 않음을 경험하게 되었다. 반대의 경우로 가난한 사람들을 위해 일하기를 원하지만 영적인 훈련을 할 시간이 없는 사람들도 있었다. 그들은 할 수 있는 대

세이비어교회 사역의 핵심은 **소그룹 미션그룹**이다. 세이비어교회의 소그룹의 특징은 삶의 나눔Sharing/돌봄Caring/세움Building과 더불어 교회의 지역사회 사역을 실제적으로 주도하는Ministering 보임이다. 교인 중 한사람이 특별한 지역사회사역에 소명을 가지고 교회에 제안할 때 한사람 이상 그 비전에 동의할 때 소그룹 미션그룹을 시작할 수 있다. 교회역사에 이러한 평범한 평신도들이 주도한 사역들은 실패한 경우가 더 많지만 지난 75년의 역사를 통하여 45가지 이상의 사역들을 진행하고 있다.

로 세상을 고쳐보려고 노력할 뿐이었다. 그러나 고든에게 있어서 영적인 훈련과 외적인 실천, 이 두 가지의 통전적인 적용은 양보할 수 없는 가장 중요한 목회 철학이었다.

누구나 기도모임, 성경공부모임, 심리치료모임 등 그들이 원하는 모임을 가질 수 있었으나 그 모임을 구성하고 있는 기본적인 교인의 자격은 영적인 훈련과 외적인 실천을 한 모임에서 모두 갖추라는 것이다. 이러한 그룹들은 단지 각각의 개인적인 사역을 강화시키는 것이 아니라 협력 사역을 이루는 것이었다.

여러 단계의 시행착오를 거치면서 세이비어교회의 지교회 형태인 사역공동체에 함께 모여 삶을 나누고 서로 돌보고 세워주고 함께 사역까지 담당하는 소그룹 미션그룹이 시작되었다.

8) 세이비어교회의 정식교인 입교과정

세이비어교회의 정식교인이 되기 위해서는 ① 하루에 한 시간씩 성경을 읽고 기도하는 것, ② 약 2~3년이 소요되는 그리스도인의 삶을 위한 학교와 서번트리더십학교의 훈련과정에 참여, ③ 온전한 십일조헌금 드리기, ④ 소그룹 미션그룹 모임에 매주 참여, ⑤ 45가지 지역사회 사역 중에 은사별로 자원봉사자로 참여, ⑥ 매년 각 공동체별로 주관하는 3박 4일 대침묵 영성수련회 참석, ⑦ 자신의 삶의 전 지경을 포함하는 영적 자서전을 쓰고 공동체에 발표하기, 그리고 ⑧ 교인의 자격은 1년으로 매년 갱신하는 것 등을 통해 자신의 삶을 개방하여 동료 교인들과 함께 좀 더 깊은 공동생활을 추구하는데 동의해야 한다. 이같은 교인의 자격은 세이비어교회가 초기부터 지향해 온 가장 중요한 원칙이다.

9) 하나님의 부르심에 대한 소명의 중요성

1950년대 초부터 세이비어교회는 소명에 관해 분별하는 사역에 집중했는데, 핵심 내용은 "이것은 하나님의 부르심입니다. 나는 이것을 감당할 것입니다"이다. 우리는 모두 전적으로 영적인 삶을 살도록 부름받았다. 그것은 기도와 예배, 사랑할 수 있는 마음을 넓히고 사랑하는데 방해되는 것을 다루는 것, 그리고 영성일기를 작성하고 영성수련회를 갖는 것 등이다. 모든 것들은 영적인 훈련 아래에 속하는 것들이다. 이런 영적 훈련들을 거쳤을 때 비로소 이 세상에 진정으로 가치 있고 도전을 줄 수 있는 사역을 감당하게 된다. 그러므로 지속적인 성장을 위해서 우리에게 필요한 것은 훈련이다. 뿐만 아니라 그것을 이루기 위하여 부르심에 대한 책임감을 가져야만 한다.

고든은 "이 세상에서 가장 어려운 일은 바로 교회를 이루는 일입니다. 교회를 이룬다는 것은 우리가 생각하는 것처럼 교회의 일을 하는 것이 아니라 서로가 서로에게 속하여 진정한 교회가 되는 존재의 물음입니다. 여럿이 연합하여 하나의 완전을 이루어 내는 것이 바로 예수님께서 원하시는 것이었습니다. 그렇지만 우리의 비전, 프로그램에 초점이 맞춰지다 보면 본질적인 문제들로부터 멀어지게 됩니다"라고 말한다.

10) 근본적인 것을 지키며 서로 다름을 존중하는 교회

세이비어교회를 포함하여 우리 모두는 교회에 관한 다양한 목회모델들을 가지고 있다. 하나님의 부르심은 근본적으로 여러 가지 각기 다른 모습을 가지고 있으며 각각 다르게 받아들여진다. 모두 존중되어야 하겠지만, 중요한 것은 우리가 성서적인 의미에서의 교회에 관하여 생각하는 것이 중요하다. 만약 교회라는 이름의 어떤 모임을 가지고 있는데, 그 교회가 이 세상의 문화에 맞서고 반대하는 것이 없다면, 모임은 신약성서에서 말하고 있는 진정한 의미의 교회는 아니라는 것이다.

우리가 사역을 시작하고, 그 사역이 여러 가지 다른 방향으로 진행되는 것을 보게 된다. 그때 우리는 처음 사역을 시작할 때 가졌던 근본적인 것들을 잃어버리기가 쉽다. 새로운 비전이 주어지고 그것을 추구하게 되지만, 리차드 로Richard Rohr가 말하는 '근원 이야기' founding myth에서 멀어지게 되고 만다. 다시 말해 그 비전들이 나오게 된, 근본적인 것들을 잃어버리고 마는 것이다. 우리는 그리스도인으로서 예수님의 성육신, 그분의 삶과 죽음, 그리고 부활이 우리의 근본적인 출발점이 되어야 한다.

신앙의 연조가 깊어질수록 이제 막 그 근본적인 것에 관하여 배우고 그것을 실천하기 시작한 것처럼 행동하는 것이 필요하다. 왜냐하면 우리는 많은 경우 근본적인 문제에서 벗어나 있기 때문이다. 우리는 그리스도를 진실되게 주님으로 섬기지 못할 때가 많고, 그리스도와 함께 십자가에 못 박히지 않을 때가 많다. 우리는 그저 이 세상의 문화에 빠져 살 때가 많으며, 근본적인 원칙들은 그것을 처음 발견하여 우리 가운데 주어졌을 때와 마찬가지로 지금도 우리 가운데 유효한 것이 되어야만 한다.

11) 계속되는 지역사회 소외자들을 위한 복지와 치유 사역

지금도 세이비어교회는 교회가 위치한 워싱턴 디시의 아담스 모르간 지역의 백여 명의 빈민 청소년들을 위한 자원봉사자들의 일대일 멘토링과 과외 프로그램을 진행하고 있고 매년 천여 명의 실업자들을 훈련시키고 취업시키는 취업 사역을 진행하고 있다. 또한 34개의 침실과 의료진이 잘 갖추어진 미국의 유일한 노숙자병원인 그리스도의집, 가난한 노인들을 위한 복지 사역, 매년 오백 명이 넘는 마약 중독자, 알코올 중독자들을 위한 미국의 국가적 중독 사역 모델인 사마리아인 여인숙 주거 사역 등을 진행하고 있다. 주거 사역, 치유 사역, 어린이와 가정 사역, 취업과 성인교육 사역, 영성 사역 등 45가지의 연관된 사역들을 진행하고 있다.

그러나 고든 코스비 목사는 세이비어교회가 방대한 사역에도 불구하고 큰 교회가 아닌 작은 공동체로 남아 있기를 희망하였다. 그는 "많은

노숙자병원 그리스도의집 앞에서 노숙자들과 함께하는 고든 코스비 목사

숫자는 거의 필연적으로 비인격화와 제도주의로 향하고 헌신을 약화시킵니다. 큰 규모는 실제로 효과를 반감시키며 이것은 실로 반문화적이어서 깊이를 가지고 문화로의 중독을 거부하고 진정으로 복음의 증인이 되는 사람들의 공동체에 불리하게 작용합니다. 세이비어교회는 숫자를 통해 오는 힘의 유혹을 의도적으로 거부합니다"라고 말하고 계속해서 "내적인 영성, 외적인 사역, 그리고 사랑과 책임 있는 공동체에 중심을 둔, 작지만 고도로 헌신되고 훈련된 사람들의 공동체가 사람을 변화시킬 수 있습니다"라고 강조한다.

12) 코스비 목사 이후에도 계속되는 교회본질의 실천

코스비 목사가 2008년 은퇴한 후 세이비어교회는 독특하게도 후임자를 정하지 않았다. 대신 세이비어 본부교회를 해체하고 그동안 함께 사역하였던 10개의 사역공동체를 각각 독립시켰다. 나는 위기 가운데 있는 한국교회가 교회의 패러다임을 전환하여 개교회주의, 성장주의 일변도의 철학에서 벗어나, 중대형교회는 한국교회의 80%가 넘는 소형교회와 미자립교회의 역량 있는 목회자들과 교회를 지원하고 큰 교회를 작은 교회로 나누어 함께 공동체를 세우는 일이 무엇보다 시급하다고 생각한다.

고든 코스비 목사는 세이비어교회를 통해 예언자적 설교와 가르침을 실천하며 하나님의 백성들이 세상을 향한 하나님의 비전을 보다 온전히 삶으로 구현하도록 도전했고, 그 자신도 "뜻이 하늘에서 이룬 것 같이 땅에서도 이루어지는" 하나님의 통치를 적극적으로 추구하며 예수를 따르는 삶에 단순하면서도 깊이 있게 일생동안 헌신했다.

고든은 동시대 교회가 안고 있는 사회적, 정치적 영역의 문제들을 회피하지 않고, 모든 압제당한 자들을 향해 특별한 관심을 보이셨던 "진짜 예수" 안에 깊이 뿌리를 내리고 살아가도록 도전했다. 그는 영적인 삶은 내적인 여정과 외적인 여정의 두 가지가 함께하는 여정을 통해서 서로 통전적으로 구성되어야 한다는 것을 항상 강조했다.

노년의 고든 코스비 목사의 뒷모습

고든은 일생동안 워싱턴 디시 빈민지역에 작은 사역공동체 교회들을 개척하고, 비영리단체 사역을 조직하고, 공동선을 추구했었다는 점에서 꿈꾸는 이상가인 동시에 그것을 실천하는 실천가였다. 임종 시까지 그는 감옥제도를 폐지하고 출소자들과 함께 공동체를 이루는 것을 사명으로 하는, 세이비어교회의 가장 나중에 시작된 사역공동체 가운데 하나인 '교회되기' Becoming Church의 멤버였다. 이런 점에서 코스비 목사가 보여준 세이비어교회의 영성과 사역의 철저한 균형을 강조하는 이 모범이 위기 가운데 있는 한국교회의 미래교회에 중요한 대안이 될 수 있다고 나는 확신한다.

3.

유성준, 나의 영적 자서전

나는 전기도 들어오지 않는 시골에서 농부의 아들로 태어나 중학교 때 고향을 떠나 지금까지도 줄곧 나그네 생활을 하고 있다. 생의 굽이굽이마다 어려운 순간이 닥치는 게 바로 인생이지만 나의 삶을 돌아볼 때마다 연결되어 생각되어지는 것이 조각목이다. 이스라엘 민족이 광야에서 성막을 지을 때 재목으로 사용한 나무가 싯딤나무였는데, 이 나무는 아카시아 종류여서 가시가 많고 볼품도 없었다. 하지만 이스라엘 사람들은 이 보잘것없는 나무를 잘 다듬어 조각목으로 만들고, 정금을 입혀서 거룩한 하나님의 성소에 재목으로 사용하였다. 내 자신의 생애를 돌아보며 기도할 때마다 깨닫는 것이 있다. 그것은 하나님께서 조각목같이 쓸모없었던

세이비어교회에서는 정식교인으로 입교하는 과정 가운데 자신의 삶의 전 지경을 포함하는 **영적 자서전**을 써서 전 교우들에게 입교 시 소개한다. 나는 교직에 재직 시에도 학부학생들에게는 삶의 배경, 삶의 가장 어려웠던 일과 좋았던 일Ups and Downs 그리고 미래의 비전에 대해 소개하게 했다. 그리고 신학대학원 학생들에게는 삶의 배경, 삶의 가장 어려웠던 일과 좋았던 일, 기독교인이 되고 소명 받게 된 과정, 현재하고 있는 사역에 대한 소개, 그리고 미래의 비전에 대해 소개하는 시간을 가졌다. 영적 자서전 쓰기는 각자의 현실에 대한 이해와 소명을 위해 헌신하는 삶과 사역의 바른 안내를 하는 것을 경험하게 된다.

내 인생을 구원해 주시고 소명을 주셔서 순간순간 경륜 가운데 생애를 인도해 주시는 감격이다.

나는 1971년부터 광화문에 있는 종교교회에서 신앙생활을 시작했지만 3년간의 군대생활은 내 신앙순례에 결정적인 전기가 되었다. 처음 교회를 다닐 때 신앙생활은 나에게 그다지 중요한 것이 아니었다. 친구를 만나기 위해 다녔고 항상 다른 일로 분주했다. 나의 신앙노정에 영적 전환은 군대생활이었다. 군대에 입대하여 1976년 3월 21일 원주에 있는 육군 51후송병원 군인교회에서 예수님과 인격적으로 만나는 회심을 경험하게 되었다. 내 인생에 있어서 그것은 바울이 경험한 것과 같은 급진적인 변화였고, 내 인생의 전환점이 되었다.

"내가 너를 복중에 짓기 전에 너를 알았고 네가 태에서 나오기 전에 너를 구별하였고 너를 열방의 선지자로 세웠다"(렘 1:5)는 예레미야의 말씀을 연상케 하는 체험이었다. 나는 예레미야 같은 큰 선지자로 선택받지는 않았지만 하나님은 나의 삶에 특별한 계획을 가지고 계시다는 소명을 확신하는 기회가 되었다. 그때 잿빛 같던 세상은 밝은 세상이 되었고 영안이 열린 다음에는 군인병원에 있는 환자들의 고통을 나의 고통으로 여기는 마음이 생기게 되었고 그들에게 복음을 전하기 시작하였다.

군대생활은 또 다른 의미에서 내게 중요한 경험과 깨달음을 주었다. 나는 이 기간에 강원도 신림에 있는 가나안 농군학교에서 군인들을 위한 교육에 위생병으로 파견되어 한 달간(4기 동안) 농군학교 과정을 수료했다. 이때 나는 신앙생활에 있어서는 영성이 중요하지만 사는 것은, 복음을 몸으로 실천하는 가나안 농군학교 김용기 장로처럼 살아야겠다는 깨달음을 얻었고 이것이 내 평생의 신앙관이 되었다.

1) 복음을 몸으로 실천하기까지

군대생활의 경험이 소명이 되어 제대 후 신학교에 입학하여 공부하던 중 나는 구약을 가르치시던 김찬국 교수를 만나게 되었는데 이분의 말씀이 내 목회 사역에 근본이 되었다. 교수님은 신학하는 자는 정통실천 신학Theology of Ortho-praxis을 깨쳐야 한다고 가르치셨다. 그것은 정통신앙과 삶의 실천이 균형을 이룰 때 바른 목회가 될 수 있다는 뜻이었다. 그 후 협성신학교의 첫 번 유학생으로 선발되어 청운의 큰 뜻을 품고 1981년 가을 미국으로 유학을 간 나는 오클라호마에 있는 필립스신학교에 대학원 과정을 밟았다. 1985년 여름학기에 마지막으로 공부한 과정이 지역과 세계적인 관점에서 보는 '청지기의 삶에 대한 과정'Stewardship in Local and Global Context이었는데 이 공부를 하면서 보름 정도 미국 중부의 여러 도시들을 방문할 기회를 가졌다. 캔자스주의 위치타, 캔자스 시티, 미조리주의 세인트 루이스, 그리고 일리노이주의 이스트 세인트 루이스 등이었다. 이곳 도심지의 빈민 사역들, 교도소 등을 방문하고 노숙자 숙소나 교회에서 잠을 자기도 했다. 반대로 부유층들이 사는 지역과 교회들을 방문하고 미국의 상류사회 사람들이 다니는 식당에도 가고 세인트 루이스 카디날스 야구 게임도 관람하면서 이 시대가 가지는 불의Injustice가 나의 목회에 새로운 소명의식으로 다가오는 것을 깨닫게 되었다. 그것은 내가 군대생활을 하며 은혜 받고 변화될 때 가나안 농군학교에서 경험했던 감동과도 같은 것이었다. 신앙생활을 하면서 많은 중요한 우선순위가 있겠지만 내가 생각하는 가장 중요한 것은, 결국 우리의 삶을 통해서 우리의 신앙을 보여주는 것이다. 행함이 없는 믿음이라면 그것은 죽은 믿음일 수밖에 없기 때문이다.

그러나 이 시대 교회에 대한 사회의 인식은 그렇게 긍정적이지 않다. 통계적으로 볼 때 한국에는 20%이상의 기독교인이 있고 미국 이민사회에는 50%이상의 기독교인이 있지만, 교회를 향한 사회의 시선이 그렇게 곱지만은 않은 이유는 교회가 주님께서 몸으로 보여주신 복음을, 몸으로 실천하고 있지 않기 때문이다. 나는 1996년에 처음 중국 동북지역을 방문한 적이 있었는데 그때 지하교회 교인들이 열악한 환경 속에서도 예수님 한 분만으로 만족하고 기뻐하는 모습을 보고 큰 도전을 받았던 기억이 난다.

내가 23년 동안 미국 생활을 하며 좌우명으로 삼았던 말씀들이 있다. 유학 가서 언어의 장벽, 재정적인 문제, 가정문제, 목회의 어려움 등이 한꺼번에 닥쳐올 때 책상 앞에 붙여놓고 묵상했던 말씀이 〈시편〉 121편 말씀이었다.

> "내가 산을 향하여 눈을 들리라 나의 도움이 어디서 올꼬. 나의 도움이 천지를 지으신 여호와에게서로다"(시 121편 1~2절)

이 시기는 이 말씀들이 능력이 되어서 나의 생애를 인도하는 믿음의 역사를 체험하는 기간이기도 하였다.

2) 나의 이민목회 이야기

오클라호마 필립스신학대학원에서 공부하면서 1982년에 이니드Enid한인연합감리교회를 개척하고 졸업 후 1985년에는 로턴Lawton한인연합감리교회를 다시 개척하였다. 이니드교회는 신학교 아파트에서 시작되었다. 당시 이니드 시는 5만 인구의 미국 중남부의 밀 주산지이고 그곳 벤스Vance 공군부대 주변에 30여 명쯤 되는 국제결혼한 한국 분들과 학교에 있는 몇 명 유학생들을 중심으로 개척이 되었다. 처음에는 5명이 모였고 배상길 목사가 부흥회를 인도할 때는 19명까지 모였다. 나는 교역자 사례비 없이 자비량으로 목회하였고 학비는 전액 장학금을 받았지만 생활비를 위해 아내와 나는 학교에서 아르바이트로 생활비를 충당하였고 모든 헌금은 선교비로 사용하였다. 82년 이니드에서 첫딸 나형이가 태어나는 기쁨을 맛보기도 했다. 84년 오클라호마연회에서 목사안수를 받고 준회원 허입이 되었고 1985년 아내와 함께 필립스를 졸업하고, 역시 군인 지역이고 포트 실Ft. Sill 육군포병학교가 있는 로턴Lawton 지역에 개척파송을 받았다. 당시 오클라호마에는 한인연합감리교회가 없었기 때문에 미국교회에 파송을 받던지 아니면 한인교회를 개척해야만 하는데 나는 개척을 택하였다. 내가 아내보다 한 학기 먼저 학교를 마쳤기 때문에 연회 존 웨슬리 하트John Wesley Hardt 감독께서 아내가 졸업할 때 까지 한 학기 동안 오클라호마에 개척할 한인지역 조사를 해서 교회를 개척하도록 소수민족 지원기금에서 우리를 지원해 주어 개척을 시작할 수 있었다.

아무도 아는 사람이 없는 로턴에 가서 교회를 개척할 당시 아내는 둘째 딸 수민이를 임신 중이었고 그 해 출산하였다. 첫 예배에 1명, 둘째 주일에 11명, 셋째 주일에는 22명, 개척 1년 만에 100명 이상이 모이는 연회에서 가장 빠르게 성장하는 교회가 되었고, 개척 초부터 지역사회를 위한 사회봉사센터와 한글학교를 개설하여 지역사회 사역에 참여하는 교회가 되었다. 로턴에서 사역하는 동안 시카고 게렛신학대학원에서 다문화목회를 주제로 박사과정을 시작하였다. 1987년에 정회원 안수를 받았고 88년 오클라호마연회에서 소수민족을 대표해서 개회예배 시 설교하는 영광을 맛보기도 하였다.

1991년 5월에 성전을 봉헌하고, 1991년 8월에 워싱턴지역의 어려운 사정으로 갈라졌던 교회에 파송 받고 남은 교우들과 함께 다시 교회를 세우며 13년을 보냈다. 어려운 재개척의 상황이었지만 교회는 빠르게 안정되었고 1994년에 성전건축을 하였다. 워싱턴제일교회는 워싱턴 지역에서 일 년 365일 매일 새벽기도하는 기도 많이 하는 교회였고 매주 소그룹 모임을 하는 이민교회 상황에서는 다니기 만만치 않은 교회였다.

1995년에는 셋째 딸 에스더가 출생하였다. 건축 후 영어예배가 시작되었는데, 그때 워싱턴 디시 흑인지역에서 빈민 사역을 하는 짐 틸Jim Till 목사가 제일교회의 영어회중을 담당하였는데 그를 통해 세이비어교회를 소개 받게 되었다. 세이비어교회와의 첫 만남에 느꼈던 감동은 소명 받고 신학을 공부하며 이상적으로만 생각하던 목회를 실제적으로 실천하고 있는 교회라는 것이었다. 그 후 매주 화요일 마다 세이비어교회의 서번트리더십학교에 참여하여 세이비어교회의 목회를 배우고 이민목회에 적용하다 2004년 3월에 협성대학교에 교수와 교목실장으로 임용이 되어 소명으로 기도하던 모교를 위해서 새로운 사역을 시작하게 되었다. 그동안 나의 생애를 돌아보며 깨달은 것은 하나님께서 나를 주로 새로운 사역을 개척하는 야전군 목회자로 세우셨다는 것이다. 지나온 신앙순례의 길을 돌아볼 때 어렵고 막막했던 인생을 하나님이 생애 순간순간마다 지켜주시고, 또한 여기까지 인도하신 것을 생각하면 감격할 뿐이다.

3) 대학선교와 서번트 목회의 새로운 도전

미국에서 학업과 사역을 마치고 자녀들을 미국에 두고 이산가족이 되어 한국으로 돌아올 때, 나에게는 두 가지 기도제목이 있었다. 첫째는 한국에서 교수로 청빙해 준 모교를 위해서 사역하는 것이고, 둘째는 미국에서 경험한 21세기 가장 혁신적인 교회 모델 중 하나인 세이비어교회 The Church of the Savior를 한국교회에 소개하고 적용하는 것이었다.

모교인 협성대학교에서 사역하며 15년간 신학대학원에서는 '참된 교회의 모델연구'와 '서번트 리더십', 학부에서는 '기독교 개론', '기독교 이해', '기독교와 인성교육'을 가르쳤다. 12년간 교목실장으로 사역하며 80% 이상이 비기독교인 학생들의 눈높이에 맞는 채플을 개발하고 복음화와 인간화를 통전적으로 적용하는 모델을 위해 열린 예배와 각 학과별 담임목사제도, 각 학과별 소그룹 사역을 시작한 것은 큰 보람이 아닐 수 없다. 그러나 이 시대 한국기독교대학의 도전은 우리 안에 들어와 있는 목회 후보자, 일반학생들에게 기독교에 대해 배타적이 되지 않고, 이 시대가 요구하는 복음적인 목회자와 기독교적 인성을 가진 지도자로 양성하는 것이고 이것은 우리에게 큰 도전이 아닐 수 없다.

18년 전에 한국에 처음 소개했던 책, 『미국을 움직이는 작은 공동체, 세이비어교회』

2005년에는 한국교회에 세이비어교회를 소개하는 『미국을 움직이는 작은 공동체, 세이비어교회』를 출간하여 미래 한국교회의 대안 모델로서 큰 관심을 받았다. 2007년에는 『세이비어교회-실천편』을 통해 참된 교회의 모델과 소그룹 사역공동체 사역을 소개하였고, 2009년에는 참된 교회의 목회 철학인 서번트 리더십을 다룬 『예수처럼 섬겨라』를 출간하였다. 『예수처럼 섬겨라』는 2019년 히로시마의 김명숙 목사를 통해 일본 교단 내 감리교 그룹을 통해 일본어로 출간되었다.

2007년부터 미국 캔자스시티의 연합감리회의 명문인 세인폴 신학대학원의 '웨슬리 영성과 회중갱신' 목회학박사 과정에 지도교수로 참여하며 그 후로 10년간 사역하여 초교파적으로 50명이 이 과정을 졸업하였고, 미국 주류 교단이 갱신하는데 가장 역동적으로 활동한 교회인 미국 캔자스시티의 '부활의교회' The Church of the Resurrection를 한국교회에 처음으로 소개하며 담임목사인 아담 헤밀톤 목사의 저서를 4권 번역하였으며 2010년에는 주안리더십 컨퍼런스에 초청하여 한국교회에 소개한 것 역시 내게는 큰 기쁨이었다.

2015년에는 세이비어교회의 목회 철학인 서번트 리더십을 한국교회의 대안모델로 제시하는 교육기관인 한국서번트리더십훈련원을 개원하였고 그 핵심 사역인 서번트리더십학교를 수도권, 전북, 그리고 한민족(조선족, 탈북인, 고려인) 서번트리더십학교를 진행하고 있다. 한국교회가 여러 가지 한계상황도 있지만 서번트 목회가 교회의 시대적인 상황과 연계되어 점점 교회의 사회적 책임, 지역사회선교, 소외자들에 대한 관심이 높아지고 저변에 확산되어지는 것은 큰 보람이 아닐 수 없다.

그러나 한국에 돌아와 새로운 환경과 많은 문화적인 충격을 경험하며 살펴본 한국 개신교회는 심각한 위기와 도전 속에 있었다. 기복신앙, 이원론적 신앙생활, 교인관리만을 위한 프로그램, 세속주의, 물질만능주의가 만연하였다. 무엇보다도 교회 리더들의 정체성의 위기Identity Crisis가 심각하였다. 개인적으로도 2004년 한국에 돌아오면서부터 나의 의지와는 상관이 없는 많은 도전을 경험하였다. 지난 15년간 경험한 한국교회의 가장 심각한 적폐는 교회 정치와 진영논리, 그리고 기득권 싸움이라고 생각한다. 그 영향으로 여러가지 어려운 일들을 당하였지만 그때마다 소명 받은 성직자로 스스로 불이익을 감당해야 된다고 생각해 왔고 한 번도 문제를 제기하지 않았다.

2011년 3월 25일에는 목 척추에 통증완화 주사를 맞다가 척추가 감염되어 입원을 하고 2011년 5월 20일까지 55일간 폐혈증 증세를 보이며 사선을 넘는 투병생활을 하였다. 그리고 하루에 8회씩 8시간 동안 혈관에 항생제를 투여 받으며 가족들과 동역자들의 기도에 힘입어 입원 40일째 되는 날 극적으로 염증수치가 정상으로 돌아오는 기적을 체험하기도 하였다. 이러한 과정들은 오히려 내 생애에 소명을 결단하는 기회가 되었음을 고백한다. 지나고 보니 오히려 그런 도전을 극복하고 여기까지 인도하신 하나님의 은혜가 감사하다.

4) 인생 3모작을 시작하며

미국에 살며 유색인종들이 미국사회에서 부딪히는 가장 심각한 문제를 주변성Marginality라고 한다. 주변성이란 두 문화의 경계선에 살고 있는 변두리 인생이라는 뜻이다. 나는 내 개인의 생애를 돌아볼 때도 자격지심만은 아닌 나 자신의 생애가 변두리 인생임을 고백하지 않을 수 없다. 특별히 우리가 자라던 시대 한국사회에서 경험한 것은 어디서 태어났느냐(지연), 어느 학교를 나왔느냐(학연), 어느 집안이냐(혈연)에 따라 그 사람의 신분이 결정되는 경우가 많은 것을 보게 된다.

나는 군대생활하며 변화되어 그것이 소명이 되어 제대 후 신학교에 입학하였는데 한번은 채플시간에 설교하시던 목사님이 '나사렛에서 무슨 선한 것이 날 수 있느냐?'를 주제로 격려성 설교를 하셨는데 신학교 간에도 계층이 있다는 것을 깨닫게 되었고 그것이 자기발전을 위해 유학을 결심하게 된 계기가 되었다. 그러나 성경을 통해 깨닫는 것은 하나님은 항상 변두리 인생을 통해 당신의 구원 사역을 이루어 오셨고 예수님께서 일생동안 머리 둘 곳도 없이 변두리 인생으로 살아오신 모습을 보게 된다.

지난 목회 여정을 돌아볼 때, 나는 항상 바빴고 나름 열심히 사역을 하였다. 그런데 점차 내 사역의 초점이 예수님이 아닌 프로그램이나 성장에만 맞추어져 있다는 것이었다. 이런 시행착오를 겪으면서, 나는 어느 순간 나의 사역 중심이 예수님이 말씀하신 대계명(마 22:3)과 대사명(마 28:18~20)에 헌신하는데 놓여져야 한다는 것을 절실하게 깨닫게 되었다.

또한 교회가 위기인 이 시대를 살아가는 그리스도인으로서 매 순간 깨닫는 것은 사욕을 버리고, 변질되지 않고, 예수님께서 그렇게 사셨던 것처럼 이 시대 고통 받는 소외자들을 위해서 내 삶을 주는, 섬기는 지도자의 삶을 살아야겠다는 것이다. 하나님 나라의 가치관은 채우는 것보다는 비우는 삶을 사는 것으로 실현될 수 있다고 생각한다. 그렇게 할 때 하나님께서 이루시는 거룩한 경륜을 우리의 삶과 사역을 통해서 날마다 체험할 수 있는 것이다.

세이비어교회의 사역 중 하나인 노숙자병원인 '그리스도의집' 앞에는 청동으로 만든, 구부리고 앉아 발을 씻기는 예수의 동상이 서 있다. 나는 그 동상을 볼 때마다 마음에 감동을 느낀다. 그러면서 "선생인 내가 너희 발을 씻겼으니 너희도 서로 발을 씻기는 것이 옳다"고 하신 주님의 말씀을 상기하곤 한다.

그리스도의집(노숙자병원) 앞에 발 씻기는 예수 동상(섬기는 예수의 모습)

나는 이 섬기는 예수Serving Jesus의 모습이 이 시대 그리스도인들이 실천해야 할 가장 중요한 핵심이라고 생각한다. 나는 학교에서 정년을 맞이했지만 아직 사역을 쉴 생각은 없다. 미국 생활 23년, 귀국해서 15년을 보내고 이제 한국서번트리더십훈련원을 섬기는 일로 인생 3모작을 시작하며 다소 느린 걸음일지라도 이것이 새로운 인생 여정에 나 자신의 변함없는 인생관이 되어야겠다고 다시 한번 다짐해 본다.

4. 세이비어교회의 핵심 사역 원리

Inward/Outward Together

Church of the Saviour Washington, D.C.

세이비어교회 핵심 사역 원리

세이비어교회가 1970년대 중반 120명 이상의 교회로 성장할 때 코스비 목사는 모든 신자들이 함께 공유할 수 있는 핵심원리와 실천의 필요성을 깨달았다. 이를 요약한다면, 내적인 여정(영성)과 외면적 여정(삶/사역), 그리고 이 둘을 합한 통전적인 함께하는 여정(공동체/소그룹 미션그룹 사역)이라고 할 수 있다. 세이비어교회의 핵심 사역 원리를 소개하면 다음과 같다.

1) 내적인 여정

내적인 여정The Journey Inward은 매일, 정규적으로 말씀과 기도를 실천함으로 영적 성장을 도모하는 것이다. 예수 그리스도의 성육신적 삶을 통해 계시되고 표출된 하나님의 권능이 우리를 통해 다른 이들에게 봉사하고 사랑하게 되는 것이 내적인 여정이다. 예수 그리스도를 통해 계시된 하나님의 사랑은 섬기는 리더십의 스타일을 형성하게 하고 모든 이를 동등하게 보는 눈을 갖게 하며, 자신의 이익보다는 다른 이의 권익을 도모하게 한다. 하나님의 도움 없이는 이러한 리더십을 갖기 어렵고, 성령의 권능과 도움 없이는 이런 리더십은 불가능하다. 예수 그리스도를 믿는 신자가 되었다고 할지라도 자동적으로 영성을 얻고 성령의 힘을 얻는 것이 아니다. 의도적으로 매일 말씀과 기도를 통해 훈련해야 한다. 매우 단순한 것 같으나 미국교회의 상황에서 매일 기도하는 평신도를 목격하기는 쉽지 않다. 안수받은 목사들 가운데서도 매일 의도적, 규칙적으로 기도하는 이들을 만나기 힘들다.

현대 서구사회와 문화의 강조점은 외적으로 창출하고 만들어 내고 성취하는 것이기 때문에 강조되는 가치는 행위이다. 예수님께서 강조하신 것은 겉으로 나타나는 행위는 내적 성숙으로 인해 가능하다는 것이다. 오늘날 기계 문명화된 사회에서 우리가 하나님께 의도적인 기도와 주의를 집중한다는 것이 얼마나 어려운지 우리는 느낄 수 있다. 우리 주변에 매일 눈뜨고 일어나면 먼저 스마트폰을 열어 체크하는 사람들이 많이 있는 것을 보게 된다. 테크놀로지에 접하여 한번 구속당하게 되면 해방되기 쉽지 않다.

세이비어교회를 통해 배우고 얻는 좋은 가치는 중심을 찾는 기도, 침묵의 기도이다. 나는 세이비어교회를 만나기 이전에는 침묵기도나 관상기도, 또는 센터링 중심기도에 대해 배우거나 들어본 적도 없었다. 더욱 어려운 것은 이 시대가 생산성과 성취성을 중요시하기 때문에, 침묵이라는 것이 별로 중요한 가치가 아니라고 생각한다. 침묵기도는 자신의 중심에 공간을 만들어 하나님께서 그곳에 임재하시도록 하는 것이다. 여러 가지의 기도 종류가 있으나 침묵기도야말로 중심에 하나님을 모시고, 들려주시는 세미한 음성을 듣고자 하는 것이다. 중요한 것은 나의 중심에 가득 찬 것을 비우는 것이다. 세이비어교회는 데이스프링침묵수양관Dayspring silence retreat center을 통해 침묵기도의 훈련과 실천이 이루어진다. 이 같은 침묵기도를 통해 경험하는 새로움은 말로 표현하기 어렵다. 개인적으로 경험하고 그것이 공동체 안에서 실천하는 것을 체계화되도록 연습한다. 내적 여정은 외적 여정을 설명하는 기반이 된다.

2) 외적인 여정

외적인 여정The Journey Outward은 하나님께 받은 소명을 사람들과 나눔을 통해 하나님께 접근하도록 한다. 외적 영성의 여정은 특별한 재능과 소명이 있는 이들에게 주어지는 것이 아닌, 모든 이에게 주어지는 여정이다. 성경에서 말하는 하나님의 소명은 특정한 이들이 아닌 모든 사람에게 해당된다. 하나님의 소명을 받을 자격은, 자신을 내어놓고 개방하여 하나님의 음성을 들음으로 가능하다.

고든의 말을 빌리면 "하나님은 우리 한 사람 한 사람에게 그리스도의 몸 된 교회를 위해 각자에게 특수한 은사를 주셨다. 태초에 하나님께서 세상을 창조하실 때 우리에게 소명 받을 수 있는 특수한 재능과 자질을 갖게 했다. 다른 피조물은 가질 수 없는 특수한 것을 각자가 가지므로 예수 그리스도의 몸이 완성되도록 하였다"라고 하였고 이어서 "계속적인 창조에 대해 우리가 받은 재능과 자질을 나눔 없이 하나님의 창조는 완성될 수 없다 이것은 깜짝 놀랄만한 진리이다"라고 말하였다.

교회에서 중요한 것은 예배이다. 그러나 그에 못지않게 다른 이들을 위한 사역, 외적 여정, 표현과 봉사의 여정도 중요하다. 이것은 만인제사장 이론과 맥락을 같이한다. 모든 하나님의 사람이 하나님이 주신 특별한 재능과 소명을 받고 다른 이를 위해 봉사하는 것이다. 우리 모두는 이 일에 참여해야 하고 나에게 부여된 소명으로 헌신, 봉사해야 한다. 이것은 함께하는 여정을 통해 가능하다.

3) 함께하는 여정

함께하는 여정The Journey Together은 언약을 맺은 소그룹 공동체에서 가능하다. 소그룹 미션그룹의 궁극적인 목적은 교회 멤버들이 사는 지역에 무한한 영적 파워를 경험하게 해주는 것이다. 소그룹은 다양성 있게 형성되는데 대부분 4~5명으로 구성한다. 소그룹은 성령의 권능 안에서 자신의 은사를 분별하여 참여한다. 소그룹은 4가지의 목적이 있는데, 개인적 성장과 영적 성장, 사랑 안에서 소속되는 것, 나눔의 사역을 위한 재능 기부, 다른 이들에게 예수 그리스도를 충실히 따르는 소명을 함께 나누는 것이다.

4) 세이비어의 모델을 전통적인 기존교회에 어떻게 적용할 수 있을까?

세이비어교회 사역 원리의 모델을 답습하여 사용하는 것이 아니라, 한국교회 상황에서 창조적 이해와 적용을 하기 위한 전환paradigm shift의 틀을 다음 세 가지로 제시할 수 있다.

(1) 첫 번째 전환은 내적인 여정이다.

영감과 정보전달 위주의 프로그램에서 영성을 실천하는 구조로 변화하는 것이다. 내적인 영감을 받아 안주하는 것이 아니라 새로운 영적 실천의 구조를 만들어 내는 것이다. 즉 예배와 교육을 통해 새로운 정보와 영감을 받는데 국한하지 않고 영적 실천을 위한 새로운 구조를 도모하는 것이다. 설교와 기독교 교육, 소그룹도 중요하지만 영적인 것들을 실천할 수 있는 구조와 통로가 중요하다. 우리가 은혜받고 깨달은 원칙을 실천하지 않으면서 다른 이를 지도하거나 이끌 수 없다. 실천해서 구체화되는 과정에서 그것을 사람들이 가시화할 때 진정한 가능성이 보이는 것이다. 센터링 중심기도, 렉시오 디비나, 영성일기 쓰기, 큐티 등 실천적인 영적 훈련과 공동체적 구조를 만드는 것이 필요하다.

(2) 두 번째 전환은 자원봉사 프로젝트 관점에서 하나님의 소명을 발견하고 따르는 삶의 관점으로 변화되는 것이다.

외적인 사역이 단순히 자원봉사 프로젝트에서 끝나는 것이 아니라 각자에게 분별력(재능과 소명 찾기)을 갖도록 하나님의 뜻을 파악하는 것(명상과 기도)이다. 이를 위해 교회는 구체적인 사역과 기회를 주는 것이 필요하다. 하나님께서 인간을 창조하실 때 모든 사람에게 재능을 주셨다. 그 재능과 은사에 접속할 수 있는 기회를 주어야 한다. 우리의 재능이 없이는 하나님 나라, 새 창조가 완성되지 않는다는 것을 알고 기회와 시간과 공간을 제공하는 것이 중요하다.

(3) 세 번째 전환은 함께하는 공동체이다.

일상적인 교제Fellowship에서 그치는 것이 아니라 하나님과 깊은 면에서 연결되는 밀도 있는 기독교 공동체를 형성해야 한다. 많은 교회가 친교를 많이 강조하지만 깊은 교제를 목격하기란 쉽지 않다. 내적 여정과 외적 여정을 연결시켜 하나님과 깊은 관계를 형성하는 공동체가 필요하다. 이것을 가능케 하는 중요한 도구가 세이비어교회에서는 소그룹 미션 그룹이다. 이 소그룹을 통해 공동체성을 형성할 수 있는 깊은 교제가 가능하다고 믿는다. 이것이야말로 세 가지의 서번트 리더십의 핵심원리인 내적인 여정, 외적인 여정, 함께하는 여정을 통합할 수 있는 장을 제공할 수 있다고 본다. 이것이 도전적으로 다가오는 것은 현대사회의 상황, 문화현상에 개인주의가 편만하다는 것이다. 이 세 가지의 전환을 한국적 상황에 적용하고 교회갱신에 이바지하는 것은 한국교회의 큰 도전이며 소명이라고 생각한다.

5) 세이비어교회의 대표적인 지역사회 사역 탐방

1947년 설립된 세이비어교회는 철저한 입교과정과 고도의 훈련과정을 통하여 150명 정도의 교인수를 유지하면서, 지역사회와 함께하는 미국의 대표적인 교회로 잘 알려져 왔다. 제2부에서 세이비어교회 사역들의 핵심적인 사역 원리와 실제에 대해 나누기 전 매년 한국서번트리더십훈련원에서 탐방하고 있는 세이비어교회의 대표적인 몇 가지 사역에 대해 소개하고자 한다.

(1) 토기장이의집

토기장이의집은 1960년 세이비어교회에서 가장 처음 지역사회 사역을 시작한 곳이며 요즘 한국교회에 유행하고 있는 카페교회의 원조이다. 워싱턴 디시의 백악관 북쪽으로 2마일 정도 떨어진 아담스 모르간 지역에 속해 있으며 서점과 카페, 모임 및 행사장소 등을 포함하고 있다. 토기장이의집은 비종교적인 사람들이 모여 종교적인 깊은 대화의 장을 가능케 하였고, 창조적인 표현이 일어나 깊은 변화가 이곳에서부터 일어나게 되었다.

세이비어교회의 여러 사역공동체와 미션그룹이 토기장이의집을 통해 시작되었고 오늘날도 그 사역이 계속되고 있다. 미래교회의 방향에 대

토기장이의집

해 탐구하는 전 세계의 많은 이들이 세이비어교회를 방문하여 이 토기장이의집에서 세이비어교회의 고든 코스비 목사와 다른 사역자들과 함께 대화하며 미래목회의 많은 영감과 통찰력을 얻는 장소이기도 하다.

최근 토기장이의집은 지역이 개발되며 젠트리피케이션Gentrification(낙후된 도심이 활성화되며 외부인이 유입되고, 임대료상승 등으로 원주민이 밀려나는 현상)의 영향으로 새롭게 리모델링하여 문을 열었다.

토기장이의집은 점심시간에만 문을 여는 식당 겸 카페이다. 이곳은 세이비어교회가 지역사회 사역의 모판 역할을 하는 장소이기 때문에 낮에는 카페로 사용하고 카페 뒤편에 모임 장소를 준비하여 점심 모임을 갖기도 하고 그 외 시간은 모임 장소로 사용되고 있다. 교회 사역과 관련된 공연들, 소그룹 모임과 예배들이 이곳에서 이루어진다. 세상의 한복판에 세워져 지역에 담이 없이 다가가고 그들과 함께 삶을 나누는 이곳이야말로 그리스도가 임재하는 거룩한 장소임에 틀림없다.

지금은 소천하셨지만 1954년부터 평생을 교회를 위해 봉사하셨고 1960년 토기장이의집이 시작될 때부터 자원봉사하신 닷Dot 할머니는 1950년대 초에 부부가 함께 200에이커의 데이스프링침묵기도수양관 대지를 구입하여 교회에 기증한 분이기도 하다. 닷 할머니가 세이비어교회를 방문하는 이들에게 교회를 소개하며 꼭 들려주는 이야기가 세이비어교회 사역의 철학을 가장 잘 설명하고 있다.

> "딱따구리 한 마리가 열심히 나무를 쪼고 있었어요. 그날도 여느 날과 다름없이 딱따구리는 나무를 쪼고 있는데 갑자기 마른 벼락이 치고 그 나무는 반으로 쪼개지게 되었어요. 이것을 보고 놀란 다른 동물들이 딱따구리에게 물었습니다. 너에게 무슨 힘이 있어 이 큰 나무를 쪼갤 수 있니? 그러자 딱따구리가 이렇게 대답했어요. '난 단지 나에게 맡겨진 일을 매일 성실히 했을 뿐이야.'"

닷 할머니의 말씀은 우리에게 맡겨진 일에 우리가 성실하게 최선을 다하면 하나님이 역사를 이루신다는 것이고 지난 75년의 역사를 통해 세이비어교회의 사역의 현장이 우리에게 보여주는 교훈이기도 하다.

지구촌교회 이동원 목사의 고든 코스비 회고

"고든 코스비 목사는 이제 전설의 사람이 되었습니다. 그는 나와 같은 침례교전통에서 신학을 수련하였지만, 모든 교단을 초월한 그리스도의 사람으로 헌신했습니다. 그는 나로 하여금 근본주의를 극복할 수 있도록 도움을 주었습니다. 진정한 미션의 사람이 무엇인가를 보여주었습니다. 그 미션은 깊은 묵상에서 나온다는 것을 가르쳐 주었습니다.

신학자이자 목사인 본회퍼Dietrich Bonhoeffer를 정치적 인물로 아는 사람도 있지만, 이것은 피상적 이해일 뿐입니다. 그는 무엇보다 영성과 묵상의 사람이었습니다. 코스비 목사는 나에게 본회퍼를 연상케 하는 사람이었습니다.

세이비어교회의 토기장이의집 카페에서 그와 나눈 차 한 잔의 대화는 나에게 소중한 유산이 되었습니다. 그의 묵상센터(데이스프링침묵기도수양관)가 경기도 가평에 필그림하우스를 만드는 영감을 주었습니다.

이 땅에 많은 세이비어교회가 일어나기를 기도하며 한국서번트리더십훈련원의 기여가 하나님 나라를 풍성하게 함을 기뻐합니다. 그리고 코스비 목사와 세이비어교회 비전이 한국교회의 피상성을 극복하는 일에 크게 기여 할 수 있기를 기대합니다."

(2) 서번트리더십학교

최근에는 구원학교Soteria School로도 불리는 서번트리더십학교Servant Leadership School가 있는 '축제센터' Festival Center 앞에는 '가르치는 예수' Teaching Jesus 청동 동상이 서 있다. 로비로 들어서면 왼쪽에 위치한 작은 채플이 눈에 들어온다. 요나가 갇혔던 고래 뱃속을 연상케 하는 진한 파란색 스테인드글라스로 장식된 이 공간엔 이 공동체의 영성을 보여주듯 고요함이 머물고 있다. 이곳에서는 주간 중 매일 정오기도회가Noon Time Prayer Meeting 열리는 장소이기도 하다.

1층은 서번트리더십학교의 과정들이 진행되는 강의실과 강당 식당 겸 친교실이 있고 2층은 잘 꾸며진 사무실들이 있는 시설이었는데, 중독 사역이 시작되면서, 28일 집중 프로그램28 Days Intensive Care Unit을 위한 기숙사 시설로 개조하여 사용하고 있다. 3층은 지금은 사무실들이 있고 게스트하우스가 있던 시절에는 헨리 나우웬이 안식년에 이곳에 머물며 서번트 리더십의 중요한 통찰력을 주는 '이는 내 사랑하는 자라' Life of the Beloved를 집필한 장소이기도 하다.

가르치는 예수 동상

서번트리더십학교는 본회퍼의 지하신학교Underground Seminary 또는 미래 목회의 대안을 찾는 사람들을 위한 신학교People's Seminary

라고 알려져 있다. 이 학교야말로 많은 사람에게 현대사회의 이슈에 대한 신학적 접근을 시도하도록 영감을 준다. 성서, 공동체신학, 서번트 리더십, 소명, 영성과 기도, 소외자들과 함께하는 삶과 사회적 이슈와 문제점들을 다루는 과정들을 제공한다.

나는 1994년도부터 10년 동안 서번트리더십학교를 통해 이 주제들을 함께 탐구하였다. 이 과정을 통해 학위를 받는 것은 아니지만, 많은 참여자가 어느 신학교에서도 배울 수 없는 실제적인 미래교회에 대한 실제적인 통찰력을 받는 것을 목격하게 되었다.

참된 기독교 공동체를 위한
서번트 리더십과 공동체 사역의 관계 적용

내가 속한 공동체의 상황 점검하기

내가 속한 공동체의 장점과 개선점을 영성과 사역의 균형의 관점에서 점검하십시오.

- 성서에서 말하고 있는 교회 공동체의 본질(마태 22:37-40, 28:18-20)은 무엇인가?
- 내가 속한 공동체는 성서가 조명하는 참된 공동체의 본질을 유지하고 있는가, 또는 아닌가? 그 이유는 무엇인가?
- 내가 속한 공동체의 구조(입교과정/지속적인 양육과정)는 구성원들에게 공동체의 본질을 양육할 수 있도록 준비되어 있는가, 또는 아닌가?
- 내가 속한 공동체가 공동체의 본질을 구체적으로 실천하고 있는 것은 무엇인가?

서번트 리더십의 훈련과정에서 필요한 6가지 전제

* 성서Scripture
* 공동체 연구Community
* 소명Calling
* 서번트 리더십Servant Leadership
* 기도Prayer와 영성Spirituality
* 소외자들과 함께하는 삶Being with the Poor

예수 그리스도를 모델로 하여 그리스도의 제자로 살기를 추구하는 모델로서 서번트 리더십을 충실히 수행하기 위해서는 위에 언급된 6가지 특성에 대해 집중하는 동시에 통합/적용하려는 노력이 필요하다. 각자의 공동체에서 아래 주제들에 대하여 점검/토의하기 바랍니다.

서번트 리더십 훈련의 6가지 점검요소

1. 성서로 찾는 가능성의 확신

당신이 서번트 리더로서 자신은 물론 구성원의 내적 변화와 외적 사역을 실천할 가능성을 확인할 수 있는 성서적 근거를 찾고 이를 실천적으로 확신할 수 있는 자신의 견해를 정리하고 서로 나누어 봅시다.

2. 소명의 확신

소명은 하나님의 부르심과 필요성의 확신입니다. 먼저 왜 당신의 삶에서 서번트 리더십이 필요하다고 생각합니까? 또한 당신의 공동체 상황에서 서번트 리더십이 필요한 이유는 무엇입니까? 하나님이 당신을 필요로 하는 소명을 구체적으로 설명할 수 있습니까?

3. 영성을 통한 인식의 혁신

영성은 인식 구조의 혁신을 의미합니다. 현재 당신의 가치관과 삶의 양식을 돌아보고, 당신이 속한 공동체에게도 삶의 양식으로서 서번트 리더십을 실천하기 위해 구체적으로 어떠한 인식의 변화가 필요한지 또한 그것을 어떻게 이루어 갈 수 있는지 기독교적 영성을 바탕으로 논의해봅시다.

4. 공동체연구를 통한 반응탐색

기독교적 공동체는 하나님사랑과 이웃사랑이 만나는 연결점입니다. 서번트 리더십의 실천이 적용되는 곳은 당신이 속한 바로 그 공동체입니다. 세속적 가치관과 배치되는 서번트 리더십이 당신이 속한 공동체에 어떤 변화를 주리라 확신하며, 이에 대한 구성원들의 예견되는 반응과 하나님의 응답, 그리고 자신의 입장을 정리하여 나누어 봅시다.

5. 기도를 통한 통합적 실천

우리는 서번트 리더십의 실천을 위해서는 이러한 6가지 전제와 통합적 적용이 필요합니다. 이것을 우리의 영성과 실천적 적용을 위해 어떤 기도가 필요하고 우리는 그 기도를 통해 무엇을 이루어낼 수 있을 까요?

6. 관계훈련으로서 서번트 리더십 훈련

모든 서번트 리더십 훈련의 특징은 관계성에 있습니다. 현재 자신이 훈련에 임하는 피훈련자의 입장과 타인을 이끌어가야 할 리더로서 각각의 입장을 대변해보고 공동체 구성원간의 관계와 양육을 위해 어떤 준비가 필요할까요?

(3) 데이스프링침묵기도수양관

1950년대 초에 교인들이 헌금하여 구입한 210에이커의 드넓은 대지 위에 모임 장소인 '랏지the Lodge 건물'과 개인 숙소인 '인the Inn 건물' 2채로 구성되어 있다. 랏지 건물은 벽난로와 작은 도서관 부엌 및 식당이 있는 멋진 거실로 구성되어 있고 바깥쪽은 자유스럽게 앉아 책도 읽고 기도도 할 수 있는 의자들이 놓여있다. 숙소인 인 건물은 숲속에 자리 잡고 있고 침대와 의자, 탁자 및 세면대가 있는 18개의 혼자 머물 수 있는 방으로 구성되어 있다.

세이비어교회의 각 사역공동체는 매년 의무적으로 3박 4일의 대침묵Great Silence 영적침묵기도수련회에 참석하며 매달 주간이나 주말에 침묵기도에 대해 배우고 함께 기도하는 세미나나 프로그램들이 랏지 건물에서 진행된다.

데이스프링침묵기도수양관Dayspring Silence Retreat Center은 그 장소 자체가 주는 쉼과 영적인 감동이 있는 장소이다. 저녁에는 반딧불이 흐드러

데이스프링 간판과 모임 장소인 랏지 건물

데이스프링침묵기도수양관 내 호수/코든 코스비 목사 소천 후 시신을 화장하여 이곳에 뿌렸다.

지게 날아다니고 낮에는 사슴과 노루가 뛰어다니는 환상적인 모습도 볼 수 있다. 세이비어교회의 설립자인 고든 코스비 목사가 소천 후 고인의 유지대로 시신을 화장하여 이곳 데이스프링침묵기도수양관 연못에 뿌렸다고 한다.

이곳을 방문할 때마다 고요한 가운데 자신의 영적 순례를 다시 한번 점검하며 각자 자유스럽게 아침 시간과 저녁 시간에 각자의 처소에서, 또는 산책하며 갖는 시간은 평생 잊을 수 없는 은혜의 시간들이었다. 또한 고든 코스비 목사 부부와 헨리 나우웬, 엘리자베스 오코너 등 수많은 믿음의 선배들이 이곳에서 영감을 얻어 일생을 헌신한 자리에 함께한다는 감동도 잊을 수가 없다.

데이스프링은 세이비어교회를 통해서 헌신적으로 봉사하는 교인들의 비움과 채움의 영성을 위한 피정Retreat 장소이다. 210에이커 넓은 들판에 사슴이 뛰놀고, 다람쥐들이 오고 갈 만큼 넓은 규모의 숲은 우리 마음과 영혼을 충분히 쉴 수 있게 하는 힐링의 장소이기도 하다. 이곳에서 세상살이의 고단함과 봉사의 피로를 풀고 새 힘을 얻게 된다. 침묵기도로 영혼의 평온을 찾고 하나님을 향한 열망함을 회복할 수 있는 곳이 바로 "데이스프링"의 특징이라고 할 수 있다.

(4) 그리스도의집과 카이로스의집

노숙자병원인 '그리스도의집' Christ House 은 워싱턴 디시에 있다. 미국에 사는 노숙자, 그중에서 치료가 필요한 이들이라면 누구나 무료로 치료받을 수 있는 곳이다. 이곳에 입원하여 각종 질병을 치료받을 뿐 아니라 사회적인 도움, 중독 치료, 재활활동 등 그들에게 필요한 전반적인 도움을 실질적으로 제공해주고 있다.

1975년 제넬Janelle 박사는 연합감리교회 목사인 남편 알렌과 파키스탄에 의료선교사로 지원했는데, 그때 세이비어교회 진료소 앞에 노숙인이 폐렴으로 얼어 죽은 사건을 통해 그것이 소명이 되어 여러 단계의 준비과정을 거쳐 1979년부터 노숙인 치유 사역인 '그리스도의집'을 시작하였다.

그리스도의집 앞에는 삼삼오오 모일 수 있는 벤치와 그늘막이 있고 그 안에 한 청동 동상이 서 있다. 서번트리더십학교가 있는 축제센터

미국의 유일한 노숙자병원인 그리스도의집

에서 앞에는 '가르치는 예수' 동상이 서 있는데 이곳 그리스도의집 앞에 동상은 '섬기는 예수'이다. 한쪽 무릎을 꿇고, 상대방의 발을 씻어 주시려 손을 내밀고 계시는 이 동상은 그리스도의집이 어떠한 곳인지를 분명하게 알려주고 있다. 누구든지 사회에서 외면당하는 사람들이라 할지라도 치료가 필요한 부분을 몸소 씻겨 주고 치료해주는 곳이 바로 그리스도의집인 것이다.

'노숙자병원'이라는 이미지 때문에 냄새가 나거나, 위생문제가 있지 않을까 생각할 수도 있지만 그리스도의집은 어느 병원과 다르지 않게 깔끔하고 위생적이다. 3명의 의사와 다수의 봉사자들도 5층 숙소에서 가족과 함께 상주하고 있고 세이비어교회를 설립한 고든 코스비 목사 부부도 이곳에서 살다 소천하였다. 3층에는 상담도 하고 누구나 들어가 기도할 수 있는 채플이 있고, 1층 맨 끝에 있는 식당은 주일에는 주일예배를 드리는 장소로 사용되고 있다.

그리스도의집은 많은 지역교회와 자원봉사자들이 참여하여 함께 사역을 돕는다. 노숙자들을 위한 목욕시설이 잘 되어 있고 바로 옆에 갈

아입을 수 있는 옷가지와 생활필수품들이 준비되어 있다. 식당에서는 365일 노숙인 환자들과 퇴원 후 재활을 위한 장소인 '카이로스의집' Kairos House에 머물며 재활 프로그램에 참여하는 사람들을 위해 매끼 식사를 제공해 주고 있다. 또한 미국 사회의 심각한 병폐 중 하나가 바로 알콜중독과 마약 중독인데 중독자들을 위한 치료 프로그램도 진행하고 있다.

그리스도의집은 34개 병상이 갖추어져 있고 남성 노숙자들을 위한 시설이며 최대 40일간 입원할 수 있다. 이곳에서 치료를 마친 노숙자들은 본인의 결정에 따라 다시 거리에 나가기도 하지만 바로 옆에 있는 '카이로스의집'에 가서 단계별로, 집중적으로 재활훈련을 받기도 한다. 카이로스의집에서는 원하는 만큼 머물 수 있으며 이곳에서 회복 프로그램, 신앙훈련, 직업훈련, 사회적응 훈련 등을 통해 새로운 삶을 개척할 수 있게 된다. 카이로스의집에서 단계별로 훈련받는 이들 중 90퍼센트 이상이 전인적으로 회복되어 새로운 삶을 시작하게 된다.

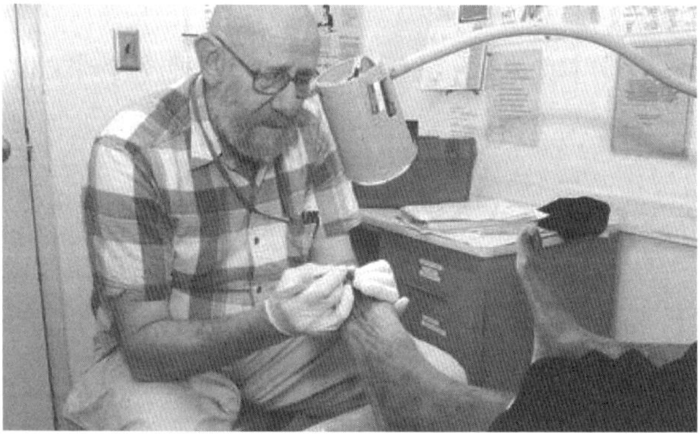

그리스도의집, 치료 장면

재활 프로그램을 위한 장소인 카이로스의집은 두 동의 건물인데, 각 건물마다 50여 명을 수용할 수 있고 최대한 많은 이들을 섬길 수 있도록 사역하고 있다.

재정적인 지원은 각 교회의 헌금, 푸드뱅크 지원, 재단이나 기업, 그리고 노숙자들 대상의 의료지원을 포함한 정부 지원 등이 있다. 전체 예산은 그리스도의집과 카이로스의집을 포함해서 연 1,100만 불이라고 한다. 신체치료뿐만 아니라 정신과 치료에 대한 관심이 많아지는 요즘, 신체적, 정신적 치료를 넘어 영혼의 아픔을 그리스도의 사랑으로 치료하는 곳이 바로 그리스도의집이라고 느껴진다.

그리스도의집에서 자원봉사자로 사역하는 이들에게는 이곳이 단순히 '퍼주는' 봉사를 하는 곳이 아니다. 이곳에서 노숙자들이 그리스도를 만나고, 그들의 섬김을 통해 피폐된 영혼들이 영적으로 채워짐을 경험한다고 한다. 이곳을 오가는 이들의 모습에는 모두가 기쁨이 있다. 신체적으로, 정신적으로 피곤한 봉사임에도 불구하고 사명을 위해 헌신하는 봉사자들 모두의 얼굴에 기쁨과 만족, 행복이 가득하다. 세이비어교회 사역을 방문하며 깨닫게 되는 것은 사역에 참여하는 모든 이들의 얼굴에서 본 기쁨은 단순한 사역의 보람을 넘어서서 그들 가운데 계시는 주님을 날마다 발견하고 그 은혜를 누리고 있는 모습이 큰 도전이 된다

매 주일 그리스도의집과 카이로스의집을 오가는 모든 이들이 모여 드리는 주일예배가 그리스도의집 1층 예배실에서 진행된다. 1백여 명 정도가 참석하는 예배는 세이비어교회에 속한 교인들과 노숙인 환자들이 자유롭게, 그러나 정갈한 옷을 입고 함께 참석한다. 말씀을 전하는 목사는 연합감리교회 소속의 알렌 목사로서, 의사인 아내와 함께 1979년에 그

리스도의집을 시작하였다. 여전히 열정적으로 그리스도의집을 섬기며 예배를 인도하는 모습이 너무 아름답고 감동적이었다. 예배의 순서는 한국에서 경험하는 예전을 갖춘 전통적인 예배와 비슷하지만 찬송가는 흑인들이 사용하는 단순하고 템포가 빠른 음악을 사용하였고 예배 때마다 성찬식을 거행한다.

예배 중 몇 가지 특징은 예배 시작 부분에서 회중 가운데 한 사람이 나와 자신의 삶 속에서 하나님께서 어떠한 은혜를 베푸셨는지 고백하는 간증 시간이 있다. 공동체 나눔Community Reflection, 죄의 고백Invitation to Confession 시간에는 행정부의 새로운 의료정책으로 2천만의 빈곤층이 의료보험을 잃게 되는 것은 죄라고 교회의 사회적 책임에 대한 죄를 고백한 것이었고, 마지막에 중보기도 제목을 자연스럽게 나누는 시간이었다. 알렌 목사가 기도 제목을 나누라고 하자 곳곳에서 회중들이 자유롭게 기도 제목을 내놓기 시작했다. 그 기도 제목 중에 매년 세이비어교회를 방문하는 한국서번트리더십훈련원을 위한 기도 제목도 나왔다. 기도 제목이 나온 후 알렌 목사가 정리하며 대표로 기도해주는데 정말 살아있는 예배라는 감동을 받게 되었다. 주님이 행하신 일들에 대하여 참석자들이 직접 나와서 예배 시간에 간증하고, 우리 모두의 기도가 필요한 이들을 위해 함께 나누며 기도하는 예배가 매번 특별하고 너무 아름답게 느껴졌다.

세이비어교회 구성원들은 섬김 이전에 영적인 충만함을 중요하게 여겨 매일 한 시간씩 성경 읽고 기도하고 소그룹 모임과 훈련 프로그램에 참여하고 침묵기도수양관을 방문하여 주기적으로 자신을 비우고 채우는 침묵기도 영성훈련에 참여한다고 한다. 그리스도의집과 카이로스의집의 역동적인 사역의 현장을 방문하고 노숙자병원에서 주일예배에 참여하며 소명을 새롭게 하는 기회가 되고 매일매일 사역 이전에 무엇보다 영적인 훈련Spiritual Discipline이 우선되어야 한다는 큰 깨달음을 가지게 되었다.

(5) 빈민주거 사역 모델 – '새공동체교회'

워싱턴 디시의 '빈민들의 성자'로 불리는 짐 디커슨 목사

60년대 워싱턴의 흑인인권운동 시위의 진원지인 샤Shaw 지역에 위치한 세이비어교회의 9개 사역공동체 가운데 한 곳이 새공동체교회New Community Church이다. 이 교회는 1982년 짐 디커슨Jim Dickerson 목사가 개척한 교회이다.

짐 디커슨 목사는 미 중부 아켄사스주 출신인데 문제가 많은 가정에서 태어나 성장하였다. 그의 부모는 마약과 여러 가지 중독으로 인한 문제를 가지고 있었고 그런 부모는 아들인 짐 디커슨을 가능성 없는 사람으로 취급하였다고 한다. 그러던 중 22세 때 새로운 삶을 살게 되었다. 그는 교회가 내적인 영성인 하나님 사랑과 외적인 실천인 이웃 사랑을 실천할 때 세상을 변화시킬 수 있는 교회가 될 수 있다고 생각하였다. 이런 생각을 하고 있을 때 세이비어교회에 관한 책을 소개받게 되었고, 이 교회가 바로 자신이 꿈꾸는 교회라고 생각하고 세이비어교회가 있는 워싱턴 디시로 오게 된 것이다. 그의 목표는 세이비어교회에서 그 사역을 배우고 자신의 고향인 아켄사스 주로 돌아가서 배운 것을 그대로 실천하는 것이 목표였는데 사역을 배우고 고향으로 돌아가 1년 정도 있

새공동체교회 전경

현재의 새공동체교회

다가 다시 워싱턴 디시로 돌아와 정착하게 되었다.

그 가운데 샤 지역에 있는 폐허가 된 현재 새공동체교회의 건물을 구입하였다. 이 지역은 60년대 흑인인권운동 시 워싱턴 지역에서 첫 번째 폭동이 일어난 지역이었고 폐허가 된 채 방치된 건물들이 많았는데 지금 교회 건물은 마약을 파는 곳이었고, 주변에 많은 사람이 마약에 중독되어 살아가는 지역이었다고 한다. 이곳에서 사역을 시작하려고 할 때 많은 사람이 만류하였지만 하나님께서는 '이곳이 내가 사역해야 하는 곳'이라고 확신을 주셨다고 한다.

유일한 백인가정으로 흑인지역에 거주하며 자녀들을 흑인학교에 보내고 함께 살아가면서 그들의 아픔을 공감하게 되었고, 삶의 문제를 함께 고민하고 기도하였다. 그러면서 새공동체교회는 지역의 사람들이 신뢰하는 교회가 되었다

이 지역은 원래 흑인들이 거주하는 지역이었다. 그러나 이 지역이 낙후된 지역을 개발하는 젠트리피케이션이 급속도로 진행되며 지역이 개발되고 흑인들은 오랫동안 살던 지역에서 밀려 나가게 되었고, 백인들이 들어오게 되었다. 지역의 교회 또한 흑인들 중심의 교회였는데 개발이 되면서, 보상을 받아 밖으로 나가게 되었고 새공동체교회만은 그 자리를 끝까지 지켰다. 대신 이 지역에 집들을 구입하여 수리한 후 집이 없고 소외된 사람들에게 그들의 수입에 맞게 거주하게 해주는 임대주택Affordable Housing 사역을 진행하는 워싱턴 지역의 소외자들을 위한 주거 사역으로 가장 영향력 있는 '만나 주거 사역'을 시작하게 된 것이다.

새공동체교회 부지 위에 세워질 건물 청사진

만나 주거 사역은 그동안 2,000여 채의 임대주택을 도시빈민들을 위해 제공하였고 그 첫 번째 주택을 미국의 저명한 사회운동가이며 '나그네' Sojourner 메거진의 대표인 짐 월리스Jim Wallis가 제공하였다. 지금도 새공동체교회의 비전은 계속되고 있으며 현 교회부지를 재개발하여 교회 건물과 만나 주거 사역 본부 사무실과 90여 채의 임대주택을 건축하는 사역을 진행하고 있다.

짐 멜슨 목사

새공동체교회의 또 다른 사역자는 짐 멜슨 Jim Melson 목사인데, 미연합감리교회의 목사이다. 그는 자원봉사자로 세이비어교회를 만나게 되며 짐 디커슨 목사가 지도하는 '소외자들과 함께하는 삶' 과정을 공부하면서 도심지 사역에 대한 소명을 가지게 되었다. 그는 워싱턴 근교의 가장 부유한 사람들이 사는 지역인 북 버지니아에서 목회하며 가족들과 안정된 삶을 사는 것이 목표였다고 한다. 그런 그의 목회는 점차 좌절로 변해갔고 영적인 혼란을 겪게 될 때 노숙자병원인 그리스도의집과 연결이 되었다. 그의 교회는 1992년 2월부터 매달 네 번째 화요일 저녁시간에 노숙자 환자들을 위한 식사를 제공하며 세이비어 교회의 사역에 동참하게 되었고 이 만남이 '내 일생을 바칠 만한 하나님의 축복'이었다고 고백한다.

새공동체교회의 프로그램 책임자인 짐 멜슨 목사의 주요 사역은 '고넬료 사역'이다. 이 사역은 전혀 다른 사람들을 하나님 안에서 하나 되게 하는 사역이다. 초대교회의 장벽은 유대인과 이방인의 장벽이었다. 21세기 미국에서의 장벽은 인종적인 편견과 경제문제에 근거한 장벽이라고 할 수 있다. 그의 사역은 흑인지역의 가난한 사람들에 대한 잘못된 인식을 개선해 주기 위해 그들을 이해할 수 있는 것들을 준비하여 나누어 주는 사역을 하고 있으며 어려운 사람들을 도와 줄 수 있는 기회를 제공해 주는 사역이다. 도심지의 흑인빈민지역교회와 부유한 교외지역의 백인교회들을 연결하여 진행하는 고넬료 사역의 주요 내용은 ① 교차방문 프로그램 ② 세미나 ③ 자원봉사 프로그램 ④ 공동 프로젝트가 있다. 하나님의 뜻은 사람을 갈라놓는 것이 아니라 하나가 되게 하는 것이다. 백인과 흑인, 남과 여, 부자와 가난한 자가 나뉘는 것이 아닌 서로의 필요를 채워주면서 서로 하나가 되게 하는 사역을 하고 있다.

분명한 것은 이 모든 사역의 기초에 하나님을 향한 깊은 영성과 그 영성을 기초로 이웃을 사랑하고 섬기는 것이다. 이것이 이 시대 모든 교회에 필요한 것이다. 새공동체교회는 타교회들이 모두 떠났어도 그 자리를 지키며 많은 중독자에게 나눔을 실천하고 교도소에서 나온 출소자들에게 사회에 잘 정착할 수 있는 '교회되기' 프로그램에 장소를 제공하며 서로 다른 사람이 하나 되게 하는 사역을 지금까지 감당할 수 있었다. 그 이유는 나눔에 하

새공동체교회 강단 전면

새공동체교회 대화 모임

나님의 사랑이 함께 흘러가고 있기 때문이다. 누구나 다 할 수 있는 나눔이 아닌 하나님과의 깊은 영성을 바탕으로 한 사랑이 한국교회에 필요하다. 한국교회 미래목회의 대안이 바로 하나님 사랑과 특별히 교회가 위치한 지역과 함께하는 이웃 사랑의 연결점이 되는 것임을 다시 한번 깨닫게 되었다.

새공동체교회는 예나 지금이나 하나님을 향한 신실성에 집중하고 있다. 그 신실성의 바탕에는 하나님과의 깊은 영성이 바탕이 되고 있다. 때로는 소외된 사람들을 보호하고 도움을 주기 위한 사역들을 진행할 때 개발업자들이나 정부를 상대로 투쟁해야 하는 경우도 있다. 여기에도 중심은 하나님과의 깊은 영성이다. 이 영성이 바탕에 있기 때문에 건강하게 지역을 섬기고 어려운 이웃들에게 꾸준히 소득에 맞는 집을 제공해 주는 사업을 진행하는 것이 가능한 것이다. 짐 디커슨 목사는 영성의 핵심은 기도만이 아니고 삶까지도 영성이 되어야 한다고 말한다. 예수님도 산에 가서 기도하셨지만 내려와 사람들과 함께 사셨다. 이것이 바로 영성이라는 것이다. 영성이 바탕이 되어 소외자들에게 집을 제공하는 것이고, 그래야 그들의 삶까지도 터치하여 변화를 일으킬 수 있다는 것이다.

(6) 헨리 나우웬과 워싱턴 디시 방주공동체(라르쉬공동체)

방주공동체Larche Community는 이미 잘 알려진 세계적인 장애인 사역이고 세이비어교회가 직접 시작한 고유 사역은 아니지만 가장 세이비어교회적인 사역이라고 할 수 있다. 그것은 이 공동체의 정신이 세이비어교회가 지향하는 바에 가장 적합하고, 세이비어교회가 지역사회를 섬기는 사역 가운데 하나로 아담스 모르간에서 시작되었기 때문이다.

방주공동체는 1964년, 철학교수 출신인 장 바니에에 의하여 프랑스에서 시작되었다. 처음에는 장애인을 돕는다는 단순한 생각에서 그들과 함께 생활을 시작하였지만, 점점 그들을 통해 자신도 장애인임을 발견하

워싱턴 디시 방주공동체 내부

였다고 한다. 그것은 자신 안에도 미움, 단절, 용서하지 못하는 마음, 상처 등을 안고 살아가는 장애인임을 깨닫게 되었다는 것이다. 그때부터 돕는다는 자세를 버리게 되었고 오히려 그들을 통해 삶의 순수성을 배우고 그들과 함께 삶을 나누는 의미 있는 사역을 할 수 있게 되었다고 한다. '라르쉬'는 방주를 의미한다. 하나님께서는 홍수 심판에서 생명을 보존하기 위하여 노아의 방주에 그의 '가족'과 모든 동물이 '각각' 들어가게 하셨다. 이처럼 이곳 공동체에서는 장애인과 비장애인이 '시설'이 아닌, 함께 '가정' 생활을 한다.

방주공동체는 영성신학자 헨리 나우웬에게 많은 영감을 주었고, 하버드대학 교수직에서 떠나, 생애 마지막 순간까지 그가 함께 하였던 곳이 캐나다에 있는 방주공동체였다. 나우웬은 『예수님의 이름으로』(두란노, 1998)에서 '나이를 더 먹는다는 것이 예수님께 나를 더 가까이 가게 했는가? 모든 사람이 내게 아주 잘하고 있다고 칭찬해 주었지만 나의 성공이 오히려 나의 영혼을 위험에 빠뜨리고 있다고 말하는 내면의 소리를 들었다'고 고백하고 있고, 그때 장 바니에Jean Vanier를 통하여 '심령이 가난한 자들 가운데로 가서 그들과 함께 살아라. 그러면 그들이 네 영혼을 치유

헨리 나우웬 Henri J M. Nouwen(1932-1996)은 예수회의 사제이며 심리학자이다. 그는 고든 코스비의 가장 가까운 동역자 중 한 사람이었다. 서번트 리더십의 핵심적인 철학을 담고 있는 『예수님의 이름으로』, 『이는 내 사랑하는 자라』 등 영혼을 맑게 하는 그의 저서들은 전세계적으로 복음주의자들의 큰 호응을 얻었다. 예일대학 교수 재직 시 자신의 풍요롭지만 의미없는 삶에 염증을 느껴 페루의 빈민가에 가서 생활했고 다시 하버드대학교 교수로 돌아오게 된다. 여기서도 영혼의 안식을 느끼지 못하고 강단을 떠나 캐나다의 지적장애인 공동체인 방주공동체에 머물며 1996년 9월 소천하기까지 저술활동을 하며 장애인들과 함께 생활하였다.

할 것이라'는 하나님의 음성을 듣고 토론토의 방주공동체에서 여생을 보낸 동기가 되었다고 한다.

헨리 나우웬은 안식년에 세이비어교회에 머물며 서번트 리더십에 중요한 통찰력을 주는 『이는 내 사랑하는 자요』(IVP, 1995)를 출간하였다.[1] 나우웬은 이 책에서 내가 진정으로 다른 사람을 사랑하기 위해서는 내가 먼저 사랑받는 자가 되어야 하며, 그리스도인으로서 영적인 삶을 살기 위해 깨달아야 할 것을 4가지 단계로 소개하고 있다. 그것은 성찬식에서 떡과 포도주를 나눌 때 사용하는 선택받은 자Taken, 축복받은 자Blessed, 상처받은 자Broken, 나누어 주는 자Given이다.

우리는 하나님의 선택받은 자이고 많은 축복을 받았지만 우리의 생애과정에 많은 깨어지는 경험을 하게 된다. 그러나 그런 고통들을 통해 다른 고통 받는 자들의 삶을 이해하고 우리의 삶을 나눌 수 있다는 것이다. 색유리Stained Glass가 한 장으로는 볼품없는 조각이지만 각 조각을 잘라 다듬어서 모양을 만들어 붙이면 아름다운 색유리가 되어 다른 사람들을 위해 유익하게 쓰임 받는 원리와도 같다.

나우웬은 우리의 삶에 있어서 가장 위험한 함정은 성공이나 명예, 권력의 추구가 아니라 그 바닥에 감춰 놓은 자기거부Self-Rejection라고 한다. 그것은 내가 스스로 가치없는 존재라고 생각할 때, 내 가치를 보여주기 위해서 사람들은 해결책으로 명예나 권력을 추구한다. 이 유혹에 거의 대부분 사람들이 넘어가는 것을 보게 된다. 또 어떤 사람은 본래적인 자

1 나우웬은 세이비어교회의 축제센터(Festival Center) 게스트하우스에 머물며 종교 밖에 있는 사람들을 위한 『이는 내 사랑하는 자요』(*Life of the Beloved*)를 저술하였다. 그러나 그들의 상황과 맞지 않다는 생각으로 출판을 미루었으나 고든 코스비의 격려로 출판하게 되었고 이것이 섬김의 리더십의 대표적인 저서가 되었다.

기의 모습을 가리기 위해서 교만으로 치장을 한다. 내가 생각하는 내 모습을 보이기 싫어서 자신을 더 고상하고 높은 자리에 앉히려는 것이다.

예수께서 세례받으실 때 하늘 문이 열리고 '이는 내 사랑하는 아들이요, 내 기뻐하는 자'라는 음성이 들린 것처럼 우리도 사랑받은 자가 되었다는 확신이 있을 때 사랑을 나누는 의미 있는 삶을 살 수 있다는 깨달음을 받게 된다.

성찬 테이블에 사역공동체의 식구들이 함께 둘러 앉아 떡을 떼며 서로 축복하고 고난 가운데서도 서로 섬기며 삶을 나누며 마음의 평안과 기쁨을 나누고 사는 것이 세상의 욕망과 성공 명예에 대한 기대, 명성을 떨치고 싶은 야망을 버리고 사랑받는 자로 살아가는 삶의 모형이다.

나우웬은 "우리는 종종 우리의 행복이 소유에 달려있는 것처럼 살고 있습니다. 그러나 나는 소유 때문에 행복한 사람을 본 적이 없습니다. 진정한 기쁨, 행복, 내적 평안은 우리 자신을 다른 사람에게 내어줄 때 생기는 것입니다. 행복한 삶은 다른 사람을 위해 사는 삶입니다. 그러나 그 진리는 우리가 인생의 가장 절망적인 상황에 직면했을 때 발견하게 됩니다"라고 말한다.

워싱턴 디시 방주공동체는 세이비어교회와 직접 연관을 맺고 시작한 곳으로 워싱턴 디시에 있는 온타리오 공동체가 있다(2474 Ontario Rd NW Washington, DC). 온타리오 방주공동체는 1988년에 오래된 주택을 구입하여 새롭게 시설을 보수하여 시작되었다. 겉으로 보기에 지극히 평범하게 보이는 미국식 다세대주택이다. 두 동의 건물을 내부에서 통하게 하여 한 건물처럼 사용하고, 지하를 제외하고 3층짜리 두 동의 방들을 사용한다.

방주공동체 중 워싱턴 디시에 있는 숙소, 거실에서 사역에 대해 한인목회자들이 설명을 듣고 있다.

현재, 워싱턴 디시 지역의 방주공동체는 온타리오 2곳, 알링톤 2곳 도합 4곳으로 16명의 장애인이 살고 있다. 그들을 25명의 스태프가 섬기는데, 몇 명은 함께 상주하고, 나머지는 따로 살면서 낮이나 저녁에 교대로 사역한다. 온타리오 공동체에는 현재 장애인 5명과 비장애인 어시스턴트 4명이 함께 생활하고 있다. 상주하는 4명 외에 여러 봉사자들이 사역을 돕고 있다. 현재 이곳에 거주하는 장애인은 제일 나이가 어린 사람이 34살, 제일 많은 사람은 83세이다. 이들은 나이가 들며 삶에 여러가지 변화가 일어나기 때문에, 변화하는 그들의 필요성에 적합한 환경을 조성하고 있다. 이곳에 있는 장애인은 다운증후군, 뇌성마비 환자들이다. 응접실에는 이곳에 거주하는 장애인 가족의 사진을 가장 잘 보이는 곳에 게시하였다.

다른 방주공동체와 같이 이곳도 장애인과 돕는 비장애인(어시스턴트)

방주공동체 워싱턴 디시 숙소 건물 앞에서

이 '상호관계' 속에서 함께 생활하고 있다. 장애를 가진 사람들이 이 센터를 이용하고 돕는 사람들이 함께 삶을 나누는 공동체이다. 장애인들은 각자의 상황에 따라 가벼운 직장생활도 하고 취미생활, 다양한 교육 참여, 교회 생활도 한다. 이곳에서 미션의 핵심은 '상호적인 관계 형성'이다. 장애인과 비장애인이 함께 공동체를 이루는 것이 중요한 미션이다.

이를 위하여 장애인과 비장애인이 서로 강한 점과 약한 점이 함께 공존하고 있다는 것을 알아야 한다. 함께 살다보면 다양함이 공존하고 있음을 발견하고 무엇을 하든지 같이 동역하는 것을 중요하게 생각한다. 장애인과 함께 살면서 깨닫는 것 중 하나가 서로가 자신의 약함에 대해 보게 되는 것이다. 너무 완벽한 것을 추구하는 것이 결코 좋지 않음을 깨닫게 된다고 한다. 이곳에서는 장애인들을 조정(컨트롤)하려고 하지 않는다. 그냥 가족으로서 함께 사는 것이 공동체의 핵심이라고 한다. 특히 서로를 가족으로 배려한 것을 게시물들에서 확인할 수 있는데, 사진과 따스함을 느끼게 하는 그림들과 가족애와 관련한 그림들이다.

입주자는 결원이 있을 때만 충원한다. 멤버 중에 공동체를 떠나거나, 돌아가시는 분이 생기면 새로운 사람을 받는다. 공동체가 숫자가 많아지면 '가족' 공동체로 유지하기에 어려움이 있고, 운영에 문제가 있어 현재 수준을 유지하고 있다. 유지비용은 장애인들에게 지원하는 정부 지원금과 저소득층 의료보장제도, 개인적인 후원금, 기관의 후원금으로 운영된다.

이곳에 가족을 맡긴 장애인 가족은 공동체에 직접적으로 깊이 연관을 가지고 참여한다. 주말에 가족에게로 가는 장애인도 있고, 가족이 이곳에 와서 저녁식사를 함께 하기도 한다. 그러나 가족이나 후견인이 없는 사람도 있고, 가족 중에는 공동체에 전혀 관련이 없고 또는 참여하지 않는 사람들도 있다. 그러나 대부분의 가족들은 공동체의 프로그램이나 축하파티에 적극적으로 참여하는 편이다.

현재 스태프들은 모두 상근이며, 시간당 수당을 지급 받는다. 더 많은 장소를 운영하고 싶지만, 운영비도 더 필요하고 제도적인 제약이 많아져서 힘들 것이라고 한다. 그러나 방주공동체는 장애인들에게는 좋은 사례이고 그들의 희망의 상징이 되길 기대한다. 장애인과 비장애인이 함께 사는 방주공동체와 꼭 같이할 필요는 없지만 장애인들과 진정한 관계 형성이 가능한 공동체들이 더 많아졌으면 좋겠다고 한다. 그것은 같이 사는 것은 어렵지만 가족이라면 가능하기 때문이다.

방주공동체를 통해 하나님의 나라는 결국 하나님의 일이 소명되어 헌신하는 사람들을 세울 수 있느냐가 성패라는 것을 깨닫게 된다. 이 시대 한국교회 가운데 세이비어교회나 방주공동체의 시설을 세울 수 있는 교회들은 있겠지만 그 일에 인생을 걸 수 있는 사람들이 있느냐는 것이다. 방주공동체 사역을 방문하며 소명을 위해 생애를 드려 헌신하는 이 시대 살아있는 예수의 모습들을 바라보며 큰 도전을 받게 되었다.

제2부

세이비어교회를 움직이는 힘

교회의 일원이 되는 것은 예수 그리스도의 인격과 그분의 존재 앞에, 그리고 특정한 그룹의 사람들에게 자기 자신을 더욱 깊이 내려놓는 것입니다.
소속된다는 것은 몸의 세포들이 다른 세포들에게 자신의 것을 주고 다른 세포로부터 필요한 것을 공급받는 것처럼, 그리스도의 몸의 세포가 되기 위해서 다른 사람들에 의해 서로 상호 침투하는 존재가 되는 것에 대해 동의하는 것을 의미합니다.

– 고든 코스비

1.

세이비어교회의 흩어져 있는 사역공동체들

현재 세이비어교회의 구조는 10개의 작은 독립교회들인 사역공동체로 구성된 흩어진 공동체이다. 한 교회에서 시작된 공통된 역사와 비전을 가진 각 교회들은 각기 연관되어 동질성이 있지만, 서로 다른 훈련과 사역들을 나눈다. 각각의 교회는 그리스도의 몸의 독특한 지역적 표현들이다. 교회들은 누구나 그들의 예배와 훈련모임들을 가지고 공동체의 다른 모임들에 참여하는 것을 환영한다.

세이비어교회 사역 매뉴얼은 세이비어교회 이사회Ecumenical Council 이사장인 매조리 뱅크슨Majorie Bankson 목사의 공식적인 자료사용 허락을 받아 소개하게 되었다. 그동안 세이비교회의 교인인 엘리자베스 오코너의 '헌신으로의 부름', '내적인 여정, 외적인 여정' 등 기초자료를 토대로 목회 철학이나 단편적인 사역 탐방을 소개하였지만, 사역 매뉴얼을 통해 어떻게 세이비어교회의 사역들이 구체적으로 기획되고 진행되는지 소개하게 된 것을 큰 기쁨으로 생각한다. 한국교회 상황에 각자가 처한 교회와 지역사회 사역에 재해석되어 서번트 목회의 실제적인 대안이 될 수 있기를 기대한다.

흩어진 교회들 간의 공통된 주제들

각 교회들은 세이비어교회의 비전에 동의하는 보통사람들로 구성되어있으나 각 교회의 상황에 따라 특별한 사역에 헌신한다. 세이비어교회의 전통 속에서 각 교회들은 의도적으로 관계들을 형성하고 그리스도 안에서 믿음의 여정을 지원하기 위한 공통적인 교제와 훈련을 하는 구조로 되어있다.

세이비어교회의 전통과 성령 안에서 각 교회는 정식교인들의 성실성과 책임감을 요구한다. 이것은 각 사역공동체 안에 있는 미션그룹이라는 작은 소그룹 모임을 통해서 이루어지는데, 정식교인들은 소그룹을 통해 함께 연구하고 기도하고 나누고 섬기는 헌신을 이루고 어떤 특별한 필요가 있을 때마다 전체 공동체가 서로를 향한 책임을 가지고 함께 참여한다.

세이비어교회의 정식교인들은 훈련 프로그램인 '그리스도인 삶의 학교'나 '섬김의 리더십 학교' 과정에 정규적으로 참여하며 공동체의 각종예배와 축제와 섬김에 함께 참여한다.

한 사람의 인턴교인이 정식교인이 되기 위해서는 2년에서 3년에 걸친 훈련과정이 필요하며 정식교인들은 그들의 언약을 매년 갱신하거나 아니면 정식교인의 자격을 포기한다. "교인 자격의 성실성"은 정식교인들이 그리스도와 그들의 동역자들과 함께 이런 여정의 부름에 지속적으로 헌신하고 있는지 아닌지 여부를 분별하기 위해 매년 정식교인들을 새로운 헌신에 초대한다.

2.
지교회 형태의 10개 사역공동체

1) 생명의빵교회

생명의빵교회Bread of Life Church는 경제적 차원에서의 삶에 특별한 강조점을 두고, 하나님의 의도에 따른 지속가능한 방법들 안에서 살아가기 위해 부름받은 교회이다.

구체적인 지역과의 관계들을 통해, 그리고 큰 범위에서 교회들과의 연계를 통해서 교회는 가진 자들 뿐만 아니라, 가지지 못한 자들에게도 생명을 주는 새로운 경제적 구조활동을 지원한다.

교회는 공동체적 삶을 통해 자신만을 위해 자산을 축적하고 보호하고, 자가 안전을 도모하는 문화의 방식에 대안들을 제시하려고 시도한다.

생명의빵교회

대표적인 사역들은 재정사용에 관한 '신앙과 재정 네트워크', 워싱턴 디시 남동쪽 게토 지역에 새롭게 시작한 '회복카페' 사역들이 있다.

Worship: Thursdays at 7:00 p.m.
The Potter's House, back room, 1658 Columbia Road NW, Washington, D.C. 20009
Contact: Mike Little, mike@faithandmoneynetwork.org, Tel) 240.606.2282

2) 데이스프링교회

데이스프링교회Dayspring Church는 예수의 길을 따르기 위해 헌신하는 메릴랜드 져먼 타운의 믿음의 공동체이다. 교회는 200에이커가 넘는 나무와 풀과 시내와 연못으로 뒤덮인 데이스프링침묵기도수양관에 자리 잡고 있다.

데이스프링교회 내부 모습

교회 구성원들은 예배와 공동체 생활의 리더십을 함께 나누고 있다. 각자의 소명에 근거하여, 성령이 주시는 은사들을 존중하며, 세상을 향한 예언자적 증거 사역과 깊은 내면의 기도 생활과 침묵과의 연합을 추구한다.

이 교회는 침묵과 관상기도와 관상적 삶을 소중히 여기며, 이 세상을 돌보고 세상의 치유와 회복을 위해 일한다. 이것이 정의와 평화, 비폭력을 증거하는 일이다. 그리고 언제나 공동체 안에서 삶의 축복과 도전의 나눔을 소중히 여긴다.

Worship: Sundays at 10:00 a.m. From June to September, we worship at the Pavilion in the woods at Dayspring. During the rest of the year we meet in the Farmhouse.
Dayspring Farm and Retreat Center
11301 Neelsville Church Road, Germantown, Maryland
Tel) 301.515.4399 Website: www.dayspringchurchmd.org

3) 제8일사역공동체

예수 그리스도가 제8일사역공동체Eighth Day Faith Community를 부르셔서, 세상에서 그의 몸이 되게 하시고, 세상을 돌보고 정의롭게 하는 견고한 헌신을 통해 우리를 향한 그의 넘치는 사랑에 응답하게 하신다.

제8일사역공동체는 이 땅에 억압받는 자들의 고통에 구체적으로 함께 연합하는 방식으로 사역한다. 제8일사역공동체가 그리스도를 따름에 있어서 서로를 지지하며, 진실을 말하고, 형제와 자매에게 경청한다.

신앙인과 하나님과의 관계, 개인이 삶의 방식, 믿음의 공동체에 대해 관상하며 하나님과 피조세계 전체에 모두가 소속되어 있음을 축복하며 기쁨으로 주어진 삶에 참여한다.

제8일신앙공동체가 예배드리는 장소인 축제센터/지역 변화에 따라 각종 사무실과 훈련센터로 리모델링 중이다.

제8요일이란 이름은 하나님께서 성경의 7일을 넘어 창조를 지속해 오신다는 믿음에서 연유한 것이다. 창조의 제8일은 우리가 현재 이끌어 가는 삶이요, 그 삶 속에서 우리는 예수 그리스도 안에서 드러난 신적 사랑의 증인으로서 정의와 긍휼의 통치를 창조해가는 하나님과의 공동 창조자이다.

제8일사역공동체가 이웃과 넓은 의미의 교회에 공헌하는 중심 사역 중 하나는 영성과 정의를 중심 주제로 삼는 북카페인 "토기장이의집" 사역이다.

Worship: Sundays at 10:00 a.m.

The Festival Center, 1640 Columbia Road NW, Washington, DC 20009

Website: www.8th-day.org

4) 축제교회

축제교회Festival Church는 복이 복음의 중심이라는 믿음으로 다문화·다세대 간의 갈등이 기도로 정화되고, 은혜에 기초하여 개방되는 견고한 그리스도 중심의 공동체로 부름 받았다. 부서지고 취약한 우리 자신에 대한 인식을 가지고, 우리는 예수께서 그렇게 하셨듯이, 모든 연령이나 능력이나 인종이나 모든 계층의 사람들이 연합하여 함께 살아가는 것을 추구한다.

Worship: Mondays at 6:00 p.m.
The Festival Center, 1640 Columbia Road NW, Washington, DC 20009
Contact: Cindy Martens, cmartens_dc@yahoo.com, 202.422.3033;
Ted Smith, smiththeo@gmail.com, Tel)240.393.5955

축제교회 전경/1988년부터 이곳에서 서번트리더십학교가 진행되었고, 2층은 중독 사역 28일 프로그램의 기숙사로 사용되었다.

5) 예수의친구들교회

예수의친구들교회 예배 장소인 페스티벌센터 기도실 제단

예수의친구들교회Friends of Jesus Church의 소명은 전인적인 치유를 증진하는 구체적인 방식 안에서 하나님의 사랑을 구현하는 것이다. 예수의친구들교회는 두 가지 중요한 차원에서 이 소명을 이해하는데, 기도와 관상을 통한 내적 여정과 세상에서의 섬김을 통한 외적 여정이다. 예수의친구들교회는 삶의 모든 방면에서 하나님 사랑의 표현과 예수의 참된 제자가 되기 위해 존재와 행위를 연합하기 위하여 전력을 다한다. 예수의친구들교회는 이런 그리스도 몸의 표현인 공동체의 구성원으로서 서로를 돌보는 것을 깊이 배우며, 지역적인 또는 세계적인 문제에 그리스도의 사랑을 구체적으로 증거하는 것을 추구한다.

Worship: Thursdays at 5:30 p.m. A light supper is served.

The Festival Center, 1640 Columbia Road NW, Washington, DC 20009

Contact: Harold Vines, harold310@verizon.net, Tel) 443.315.3168

6) 희년교회

희년교회 예배장소인 토기장이의집 카페 내부 앞부분/
지역 변화의 영향으로 최근 내부를 리모델링하였다.

희년교회Jubilee Church는 하나님의 인도하심을 듣고 기도하는 것을 교회 본질로 삼는다. 희년교회는 성경과 예수의 삶이 우리 개인과 공동체의 삶에 관해 드러내는 것에 집중한다. 희년교회는 이 세상에서, 예수께서 희년교회에게 주신 도전에 헌신하며 성장하기를 소망한다. 희년교회는 섬기는 지도자로서 모두를 위한 정의와 인권을 성취하는 일, 인종차별과 빈곤, 물질주의와 군사주의를 끝내야 하는 도전 앞에, 하나님의 영을 통해, 서로를 격려하는 견고한 영적 가족이다. 희년교회는 검소한 삶을 사는데 헌신함으로써 하나님의 피조세계가 건강하고 풍요롭게 유지되도록 노력한다.

Worship: Wednesdays at 6:00 p.m. A light supper is served.
The Potter's House, 1658 Columbia Road NW, Washington, DC 20009
Contact: Kurt Finsterbusch, kurt@socy.umd.edu, Tel) 301.570.9597

7) 새공동체교회

새공동체교회의 초기 모습/불법 마약을 판매하던 장소 크랙하우스Crack House를 개조하여 사용한 새공동체교회 초기 모습이다.

새공동체교회New Community Church는 산상수훈, 특히 팔복의 말씀에서 드러난 예수님의 부르심과 비전의 전통 속에 있는 회복과 부활의 공동체이다.

작은 공동체이지만 큰 비전과 다양한 멤버십, 지역과 함께하는 친근한 방식의 공동체로서, 우리의 믿음을 개인적이고 공적인 삶의 영역에서 하나님의 사랑과 그리스도 안에서 대안적인 삶의 방식을 구현하고 나눔으로써 우리의 믿음을 행위에 두는데 헌신하는 공동체이다.

새공동체교회는 아주 격렬하게 문화적으로, 경제적으로 뒤섞여 있는 지역에서 성경적인 이웃사랑의 정신을 실현하는 것을 목표로 세워진 교회로서 1982년에 시작되었다. 새공동체교회는 하워드대학교Howard University 근처 샤 지역에서 주중과 주일 사역을 진행하고 있다.

Worship: Sundays at 11:00 a.m. Adult Sunday School at 10:00 a.m.
Children's Sunday school and daycare are offered during the sermon.
614 S Street NW, Washington, DC 20001 Tel) 202.332.0220
Website: www.newcommunitychurchdc.org

8) 구도자교회

구도자교회

구도자교회Seeker's Church의 소명은 구도자들의 공동체가 되는 것인데, 매주 성경적인 믿음에 뿌리를 둔 예배로 모이며, 지도자들과 함께, 우리가 사는 삶의 구조 안에서 그리스도인 섬김의 도를 실천하고 이해하기 위한 공통의 헌신을 확장하는 것이다.

서로의 사귐과 진심으로 세상에 자기를 내어주는 것이 오늘날 그리스도 안에서 우리가 할 수 있는 최상의 길이다.

구도자들은 아직 완전히 도달하지 못했으나 의도적으로 그 길을 가고 있는 사람이다. 구도자들의 의식을 깨우고 설교와 예전의 리더십, 창조적 예배 형식, 구제, 선교, 그리고 다른 믿음의 행위들에 관한 새로운 은사가 들어설 열려있는 공간을 주는데 헌신되어 있다. 구도자교회는 모든 인종과 모든 계층의 남녀들과 어린이들이 구도자로서 참여하기를 기대한다.

Worship: Sundays (with Sunday School for children/youth) beginning at 9:30 a.m. 276 Carroll St. NW, Washington, DC 20012 (accessible by Metro on the red lineTakoma stop) Tel) 202.829.9882
Website: www.seekerschurch.org

9) 그리스도의집

남성 노숙자들을 위한 24시간 체류시설과 환대의 집인 그리스도의집Christ House 공동체는 매주 주간 중 식탁교제, 주일 아침에 함께 예배한다. 공간의 제한 때문에, 목요일 저녁 식탁교제를 위해 사전에 전화 요청해야 한다. 주일 아침에는 사전 요청이 필요 없다.

그리스도의집 로고

Worship: Sundays, 9:00 a.m.
1717 Columbia Road NW, Washington, DC 20009 Tel) 202.328.1100
Website: www.christhouse.org

10) 그리스도의교회, 지금 즉시

그리스도의교회, 지금 즉시Church of Christ, Right Now는 일반적인 교회가 아니다. 이 교회는 중독자들을 위한 12단계 회복그룹을 가지고 있다. 멤버들은 마치 종려주일의 어린 나귀처럼 특별히 지명 받은 교도소 출소자와 교정선교에 관심 있는 자들이다. 수많은 배경, 종족, 인종, 계급, 연령과 인생 경험을 대표한다. 하나님의 구원 능력이 실

그리스도의교회, 지금 즉시 로고

그리스도의교회, 지금 즉시 모임 중, 여기서 마약 중독자, 출소자 등을 지원한다.

제로 연약함 가운데서 완전해짐을 믿는다. 그리고 교회공동체는 전체 크리스천의 세계처럼 아름답고 풍요로워야 한다고 믿는다. 정의를 위해 불의를 개혁하는 교정선교 사역은 "사랑하기 위한 힘"이라고 일컫는다. 지역적으로 교도소에서 출소한 남녀를 지원한다. 전반적으로, 이들은 범법자들의 악순환을 생산하는 교도소 체계에 반대한다.

둘째, 넷째 수요일 오후 6시 30분부터 7시 30분, 예수와 마틴 루터 킹 목사와 간디와 같은 인물들의 가르침을 상고하고, 이들 사역의 세세한 합력을 위한 성령의 인도하심을 구한다. 워싱턴 디시 남동에 있는 아나코스티아 게토 지역에서 더 많은 사람이 모일 때도 있지만, 이 모임의 대부분은 세이비어교회의 페스티벌센터에서 열린다.

Worship: Tuesdays and Wednesdays, 4:30 p.m., and Thursdays, 7:00 p.m.

이 교회의 모임은 자유집회라고 일컫는다. 지배적인 문화에 대한 우리의 중독을 고백하면서, 사회적으로 인종과 계급의 분리를 초월하는 예수를 최상의 능력으로 선포하며 회복과 치유를 향해 동반할 것을 헌신하며 모인다. 참석하는 모두가 환영받는다.

The Festival Center, 1640 Columbia Road NW, Washington, DC 20009
Tel) 202.387.8001 Website: www.churchofchristrightnow.org

세이비어교회의 대표적인 사역 매뉴얼

1947년부터 세이비어교회의 핵심 목회 철학인 내적인 여정과 외적인 여정, 그리고 함께하는 여정을 통전적으로 적용하여 실현한 세이비어교회의 실제적인 사역들을 소개한다.

지난 70여 년의 역사동안 세이비어교회의 헌신된 교인들은 소그룹 미션그룹을 중심으로 철저한 영성과 소명을 바탕으로 하나님의 뜻을 분별하며 한 가지씩 연관된 사역을 시작하였고 지금은 마치 작은 겨자씨가 심겨 큰 나무가 되듯이 45가지 이상의 놀라운 사역들을 진행하고 있다.

세이비어교회 사역 매뉴얼을 통해 코로나19 이후 위기 가운데 있는 한국교회가 현재의 엄청난 도전을 미래목회의 상황에 재해석하여 구체적으로 적용하는 기회가 되기를 기대한다.

> "기쁜 소식은 이러한 세이비어교회의 사역이 평범한 일반인들이 주도하는 사역이라는 것입니다. 그들이 영적으로 특별한 은사를 받았거나 모든 것을 함께 가지고 있거나 특별하게 현명한 사람들의 일이라면, 나머지 평범한 우리네 삶과는 관련이 없는 것처럼 그들의 사역들을 무심코 지나칠 수 있습니다. 지금도 그들은 우리도 모든 것을 할 수 있다는 가능성을 알려줍니다. 그들은 우리 삶의 중심에 공동체와 세상의 회복에 필요한 미개발 자원의 방대한 창고가 있다고 가르쳐 줍니다."(엘리자베스 오코너)

사역의 이름	사역의 내용
희망아카데미	성인을 위한 읽기, 수학, 컴퓨터 교육
교회되기	새로운 교회에 영감을 주고, 사회에서 소외된 사람들 사이에서 교회 리더십을 키우고, 공동의 예언적 목소리를 개발하는 사역
베다니 / 좋은희망의집	여성과 아동을 위한 과도기적으로 주택을 제공
보카모소생명의센터. 구도자교회	남아프리카 빈터 벨트의 젊은이들이 에이즈 전염병의 빈곤, 범죄 및 절망 속에서 생존하고 번영하도록 돕기
그리스도의집	노숙자 남성을 위한 병원 사역
콜롬비아로드진료소	세이비어교회에서 시작한 최초의 의료 클리닉
고넬료 사역, 새공동체교회	도시 흑인교회와 교외 백인교회 간의 연결 육성
코너스톤 사역	만성 약물 남용에 걸린 노숙자를 치료하고 긍정적인 미래를 향한 성장을 돌보는 커뮤니티
데이스프링 지구 사역	데이스프링침묵기도수양관의 믿음과 생태를 연결 사역
데이스프링침묵기도수양관	메릴랜드 주 저먼 타운 근처의 아름다움과 고요함의 침묵기도 수련장소, 그룹 조용한 휴양지
데이스프링 파머컬쳐 가든	데이스프링 랜드 한복판에 위치한 시범시장 정원 사역
엠마누엘 하우스	장기체류하는 인턴들을 위한 숙소
믿음&재정네트워크	믿음과 돈의 교차점에서 재정사용에 대해 안내하는 사역
패밀리플레이스	어린 자녀를 둔 가족을 돕기 위한 방문센터
페스티벌센터	지역 비영리 활동가 그룹, 교회, AA 모임(알코올 중독 퇴치를 위한 공동체 운동) 등을 위한 커뮤니티 공간. 서번트리더십학교, 소테리아(Soteria, 구원) 커뮤니티 스쿨, 제자의 해 및 기타 프로그램의 본거지
어린이사랑모임	가장 취약한 아동을 위한 지원 서비스
희망의집	위탁 양육 및 기타 서비스를 통해 아동 및 가족 지원

사역의 이름	사역의 내용
요셉의집	후천성 면역결핍증(AIDS) 및 기타 심각한 질병에 걸린 사람들을 위한 호스피스 시설
희년 주거 사역	청소년 서비스를 포함하여 저소득 개인 및 가족을 위한 저렴한 주택제공 사역
희년 직업소개 사역	Jubilee Jobs 프로그램은 워싱턴 디시 전역의 구직자들에게 희망을 제공하는 사역
아동을 위한 희년 시동 사역	유아기부터 취학 연령까지의 아동 발달 및 양육 사역
카이로스 프로그램	그리스도의집에서 전환하는 남성 노숙인들을 돕는 재활 사역
방주공동체(라르쉬)	장애인과 비장애인이 함께하는 주거 공동체 사역
생명자산금융센터	금융교육 및 지원
주식회사 만나 주거 사역	소득에 맞는 주택 공급, 지역사회 발전 지원 사역
새공동체교회 Art Space 사역	예술적 공통점을 통한 풍요로운 삶 제공 사역
어린이를 위한 새공동체교회 사역	샤 지역의 어린이를 위한 교육 사역
ONE DC	디시 이웃 지분 정리 사역
오버룩 리트리트 하우스	창의성과 사색을 위한 데이스프링침묵기도수양관의 휴양과 환대의 장소
이마고센터	개인 및 그룹 목회상담 및 일반상담
토기장이의집	카페, 서점, 회의 공간 및 갤러리 사역
회복카페	디시 동남부 게토 지역의 카페, 회의 공간, 중독 회복, 치유 커뮤니티, 노숙자 구제, 안전한 공간
재결합 사역	회복적 정의, 대량 투옥 종식, 프리덤 서클 사역
사마리아인 여인숙 사역	중독 회복 및 임시 주택 사역
사라의 서클	노인들을 위한 시니어센터 및 아파트

사역의 이름	사역의 내용
시타아트센터	빈민지역 어린이와 가족을 위한 예술 강화 사역
구원커뮤니티스쿨 (서번트리더십학교)	제자도 심화 및 사회정의 학습을 위한 수업 및 행사
말씀을 전하라 / 권력에 진실을 말하라	레이 맥거범(Ray McGovern)이 정기적으로 사회 정치적 문제에 대해 글을 쓰고 연설하는 사역
웰스프링(원천)수양관 사역	데이스프링의 컨퍼런스센터

3.
세이비어교회의 구체적인 사역 메뉴얼

1) 그리스도의집: 노숙자병원

그리스도의집 초창기 건물 모습

그리스도의집은 24시간 거주 가능한 노숙자를 위한 의료 시설이며 처음으로 1985년 12월에 문을 열었다. 지금 그리스도의집은 워싱턴 디시에서 이런 종류로는 유일하고 가장 큰 시설이다. 개원 이후로 그리스도의집은 9,500여 명의 입원 환자를 받았다.

환자들은 지역 병원, 보호소, 의원, 의료봉사 프로젝트에서 그리스도의집으로 보내진다. 그들은 암, 폐렴, 고혈압, 뇌졸중, 간질환, 신부전증, 당뇨 및 관련 절단수술, HIV/AIDS, 호흡기 질환, 각종 자상, 골절, 피부궤양 등의 질환과 부상을 가지고 있다. 또한 많은 이들이 영양실조, 빈혈, 우울증, 알콜중독 등을 겪고 있고 건강 지원책과 단절된 채 거리에서 살고 있다.

2020년에 그리스도의집은 140명의 입원 환자와 7,122명의 외래환자에게 진료를 제공했다. 환자들은 평균 39일 상주했고, 54%가 입원 당시 소득이 없는 상태였다.

사역과 비전

그리스도의집의 사역은 워싱턴 디시 내의 노숙자들에게 종합적이고 친절한 의료를 제공하고, 그들이 반복되는 노숙상태의 악순환을 깰 수 있도록 돕는다.

이 사역은 다음과 같은 접근법으로 노숙인 사역을 달성한다.

- 그들은 환대하고
- 삶의 전반적인 접근법을 통한 치유를 지원하며
- 안정성을 향해 나아가고 있는 개인에게 힘을 실어주고
- 공동체를 형성한다.

역사

그리스도의집의 여정은 1974년 알렌 목사Allen Goetcheus와 의사인 자넬 박사Janelle Goetcheus 부부가 파키스탄 의료선교를 수락했을 때 시작되었다. 비자를 기다리는 동안 자넬과 감리교 목사인 알렌은 워싱턴 디시의 세이비어교회와 그 사역지를 방문했다. 그리고 그 지역의 가난한 이웃들과 노숙자들에게 크게 마음이 움직여서, 그들은 해외에서 일할 계획을 취

소하고 1976년 워싱턴 디시로 이주했다.

도시의 가난한 사람들과 노숙자들은 진료하는 동안, 자넬은 환자들이 치료소 환경에서 다루기에는 건강상 필요가 너무 복잡하다는 것을 알게 되었다. 자넬은 또한 병원들이 보험이 없는 환자를 더 빨리 퇴원시키는 것을 목격하였다. 그 말은 노숙자 환자들이 병원이 아닌 거리와 쉼터에서 회복해야 한다는 의미이다. 자넬은 이 환자들이 주요 질병과 수술에서 회복하는 동안 거주하고 간병을 받을 수 있는 안전한 장소가 필요하다는 것을 알았다. 그녀와 알렌은 세이비어교회 공동체의 다른 다섯 구성원과 함께 소명을 받아, 마르자Marja와 데이빗David, 힐피커Hilfiker 부부, 돈Don과 엘렌 마틴Ellen Martin 부부, 마셀라 조든Marcella Jordan 자매와 함께 신앙심 깊은 소그룹 미션그룹을 만들게 되었다. 이 일곱 명의 소그룹은 '그리스도의집'을 계획하고 만들고, 다른 여러 사람이 리더로서 동참하여 봉사하게 되었다.

자넬은 아픈 노숙자들이 의료혜택을 받을 기회가 부족하다는 미션그룹 참여자들의 우려를 세이비어교회의 담임목사인 고든 코스비와 나누었다. 그는 익명으로 250만 불을 기부한 한 개인과 대화를 나누고 노스웨스트 1717 콜롬비아 거리에 버려진 건물을 구입해 리모델링 하도록 했으며, 첫 몇 달간 운영비를 위한 기금을 제공하게 되었다. 1985년 크리스마스 이브에 그리스도의집은 첫 환자를 받아들였다.

알렌과 자넬은 또한 몇몇 다른 의료 선교단체를 설립하는 것을 도왔다. 크로스로드건강미니스트리Crossroad Health Ministry가 1977년에 처음 문을 열었고, 1978년에 희망의공동체Community of Hope가 그 뒤를 잇고, 콜롬비아로드진료소Columbia Road Health Servicers가 1979년에, 그리고 1981년에 NGO

인 SOME So Others Might Eat에 지원 진료소가 설립되었다. 현재 자넬 박사는 그리스도의집에 의료책임자로 일하면서 환자들을 돌보고 있고 남편 알렌 목사는 예배와 목회적 돌봄을 담당하고 있다.

콜롬비아로드진료소

의료 관리

그리스도의집은 의사, 임상간호사, 간호사와 간호조무사 팀이 24시간 진료를 제공한다. 그들은 환자를 진단하여 치료하고, 검사를 시행하고, 약을 관리하고, 예방접종을 제공하고, 수술 전후 의료서비스를 제공한다.

여기에 오는 환자들은 뼈 골절, 암, 폐질환, 발 다리의 궤양, 당뇨, HIV/AIDS, 고혈압, 간질환, 신부전증, 화상, 동상 등 다양한 질병과 부상을 가지고 있다. 환자 대부분은 하나 이상의 진단을 받는다. 약물사용장애와 정신질환은 환자 다수의 건강문제를 더 복잡하게 한다. 직원들은 입원, 사후 진료 등을 연결하고, 심장전문의, 종양전문의, 물리치료사 등과 같은 전문가와 협력하여 치료를 돕는다.

환자를 특정 진료와 연결하고 예약에 갈 수 있도록 차량과 동행을 제공하는 것이 환자의 진료 연속성을 위해 중요하다.

환자 관리

환자 관리팀은 환자의 복잡한 필요를 다루기 위해서 개인 중심의 접

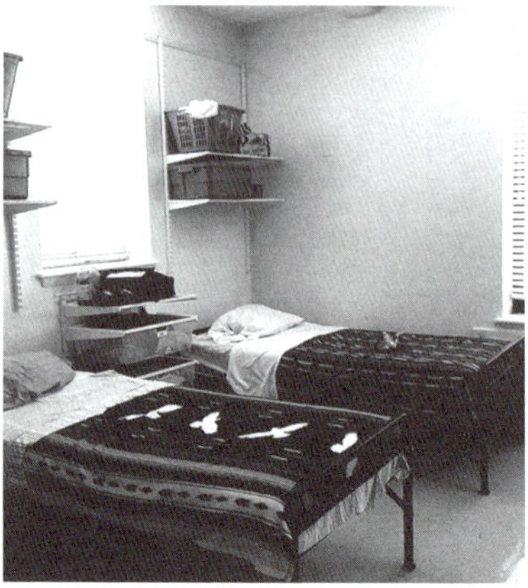

그리스도의집(노숙자병원) 입원실

근법을 취한다. 첫 방문과 진료 기록은 개인의 사정과 어려움을 더 깊게 이해하고 관계를 형성하기 위한 수단이 된다.

환자 관리 담당자들은 최소 1주일에 한 번 각 환자와 만나고, 매주마다 열리는 관련부서팀 회의에서 진료 계획을 수립한다. 정부의 재정지원, 다른 혜택들, 그리고 출생증명서와 신분증 같은 법적 서류를 얻는 작업을 한다. 또한 많은 환자들이 가족들과 재교류하고 재결합할 수 있도록 돕는다. 거기에 더하여, 환자 관리 직원들은 집중 외래환자 회복 프로그램, 정신건강 서비스, 과도기의 거주 프로그램, 양로원, 직업훈련 같은 외부 공동체 지원책에 연결하는 것을 돕는다.

무엇보다도 환자 관리팀은 개인들이 긍정적인 변화를 만들어 내고 삶의 질이 더 나아질 수 있도록 힘을 더한다.

약물 사용 질환 치료

그리스도의집에서 약물 사용으로 어려움을 겪는 환자들은 '새로운 날 치료 프로그램'에 참여할 기회가 있다. 9주간 그리스도의집에서 이루어지는 집중 회복 프로그램은 2000년에 시작되었고 약물중독 공인 상담자가 이끈다. 의학적으로 적합한 경우, 환자는 그리스도의집 외부의 약물 남용 치료 시설에서 장기 위탁치료를 받는다. 재활 프로그램인 '카이로스 프로그램'의 멤버들은 주마다 중독 관련 직원을 만난다. 알코올 중독자 재활을 위한 조직Alcoholics Anonymous과 약물중독자 재활을 위한 조직Narcotics Anonymous은 그리스도의집에서 1주일에 네 번 열리고 이웃들에게도 열려 있다.

전 영역에 걸친 지원 서비스

한 개인을 전체적으로 치료하려는 노력으로, 그리스도의집은 거주자들이 그들의 몸과 마음, 그리고 영성에 관심을 기울일 수 있도록 여러 지원 서비스를 제공한다.

음식 서비스

거리에 사는 많은 이들에게는 당장의 끼니를 해결하는 것이 중요하다. 그리스도의집에 오게 되는 많은 환자들은 영양실조 상태에 있다. 회복을 위해서 좋은 영양 공급이 필요하다. 그리스도의집에서 제공되는 균형 잡힌 세 끼의 식사와 간식은 환자들이 그들의 건강을 개선하도록 돕는다.

그리스도의 집/주일에는 예배장소로 사용된다. 옆 건물의 카이로스 노숙자 재활 프로그램에 참여하는 이들도 함께 식사하며 지역의 교회, 단체, 기관들이 자원봉사로 참여한다. 알 고어 부통령 부인 티퍼 고어가 수년간 이곳에서 자원봉사자로 봉사하였다.

음식 서비스 직원들과 자원봉사자들은 그리스도의집 환자들이 회복에 필수적인 적합한 영양을 제공받을 수 있도록 한다. 당뇨, 고혈압, 신부전증, 턱을 절제시술했거나 다른 식단 상 필요가 있는 환자들을 위해서 특별한 식사와 간식을 준비한다. 식사는 공동 식당에서 제공되고, 그곳에서 환자, 직원, 자원봉사자들이 함께 음식을 나누고 교제한다.

환자 활동

그리스도의집에는 환자들을 위한 미술과 시 워크숍, 운동 시간, 게임, 영화, 자원봉사 참여, 공원, 박물관, 운동경기, 문화행사를 위한 외출 등 다양한 활동이 있다. 대부분의 활동은 자원봉사 활동 기획자가 조직한다. 이 활동들은 환자들이 시간을 짜임새 있게 사용하도록 하고, 자기 발견을 증진하고, 자존감을 높이며, 공동체 의식을 높인다.

목회적인 돌봄

목회적인 돌봄을 담당하는 직원은 노숙자 환자들에게 감정적인 지원을 한다. 매일 일대일 접촉과 영적인 활동들을 통해서, 노숙과 고립의

그리스도의집(노숙자병원) 교회의 알렌 목사와 예전을 잘 갖춘 주일예배 모습

아픔을 완화시키는 것을 목표로 한다. 환자들은 주일 예배에 참석하거나, 성경공부, 주간 기도회, 그리고 회복지원 그룹에 들어가는 선택권을 갖는다. 담당 직원은 입원, 말기 환자 치료, 투옥, 양로원 등을 위해서 떠난 환자들과 관계를 지속적으로 유지한다.

2) 카이로스 프로그램: 노숙자병원과 연관된 재활 프로그램

노숙자병원과 연관된 재활 프로그램인 카이로스 프로그램은 근처에 거주처를 찾고 새로운 삶을 시작하는 그리스도의 집의 예전 노숙인 환자였던 이들에게 제공되었다. 그들은 함께 만나 자원봉사를 하고 다른 체계적인 공동체 형성 프로그램에 참여하였다. 카이로스 프로그램 구성원들의 발전을 보고 나서, 그리스도의집 리더들은 한 아파트를 구매하여 영구적인 거주 지원 시설을 열기로 결정하였다. 카이로스 프로그램은 영적인 회복 프로그램으로 카이로스의집을 회복이 일어나는 환경을 갖춘 시설로 조성한다는 비전과 철학을 가지고 있다.

노숙자 재활 프로그램이 진행되는 카이로스의집

카이로스 프로그램 참가자는 독립적으로 생활할 수 있지만, 그들이 가진 만성 질환으로 인해 정규직을 가질 수 없다. 자원봉사는 프로그램의 핵심 요소이며, 각 구성원들은 그의 재능과 능력을 바탕으로 봉사한다. 그들은 그리스도의집 환자들이 진료를 위해 예약하도록 돕고, 세탁실과 부엌에서 봉사하고, 우편물 발송과 다른 행정 활동을 돕는다. 일부 참가자들은 그리스도의집이나 근처에서 시간제로 일을 한다.

카이로스의집 내부

카이로스의집은 1996년에 프로그램 회원들을 위한 영구 주거시설로 문을 열었다. 거기에는 37명의 거주자와 3명의 직원을 위한 아파트 단지가 들어 있다. 카이로스 프로그램으로 입증된 성공으로 인해, 그리스도의집 이사회는 이전에 노숙자였던 사람들은 더 섬길 수 있도록 15채의 아파트를 추가하는 것을 우선으로 삼았다. 2009년 10월에 보수공사가 시작되었으며 2010년 12월에 입주했다.

개인 자원봉사자들

자원봉사자들은 그리스도의집에서 없어서는 안 될 이들이다. 그들은 개인 또는 단체로 세계 전역에서 교파를 초월하여 참여하여 그리스도의집에서 봉사한다.

아래에 소개하는 봉사 분야 중 개인으로서 자원봉사를 하거나 그리스도의집에 단체로 봉사할 경우 자원봉사 지원서를 작성한다. 지원서가 제출되면, 자원봉사 부서에서 연락을 취하여 모든 자원봉사자들이 자원봉사 이전에 짧은 오리엔테이션을 받도록 한다. 오리엔테이션은 보통 화, 목, 토요일 월 3회 진행된다.

자원봉사 기회

- 전화 자원봉사: 전화 자원봉사자들은 전화 응대를 하고 전화를 해당 부서에 연결하며, 저녁과 주말 동안 간호사실의 출입을 관리한다. 이 자원봉사는 한 달에 최소 두 번은 할 수 있다.
- 봉사 내용: 전화 응답, 안전한 출입 관리, 환자의 문의를 진료직원에게 연결
- 위치: 그리스도의집 2층 간호사실
- 일정: 월~금, 오후 6~8시, 토~일, 오전 7시~오후 7시(2~3시간마다 교대)
- 자격: 최소한 15세 이상, 독립적으로 일하는 것을 불편해 하지 않으며 비밀 유지 가능자

음식 서비스 자원봉사자

음식 서비스 자원봉사자는 조리 준비, 서빙, 청소를 1주일 또는 2주 기준으로 돕는다.

- 봉사 내용: 식사 준비, 서빙, 청소를 도움
- 위치: 그리스도의집 부엌과 식당
- 일정: 아침(오전 7~9시), 점심(오전 11시~오후 1시), 서녁(오후 5~7시)
- 주의 사항: 주말에는 음식 자원봉사 기회가 매우 적다.
- 자격: 최소한 16세 이상

환자 동행 자원 봉사자

환자 동행 자원봉사자는 환자들의 의료 예약에 동행한다. 봉사자들은 의사 진료시간 동안 봉사가 가능해야 한다. 봉사자는 환자들의 안전을 확실히 하고 지시사항을 따르는 데 조력이 필요하거나 글을 읽을 수 없는 환자들은 지원한다. 시력, 청력이 약하거나 힘이 없거나 거동이 불편한 환자를 돕는다. 메모하고 메시지를 의료진에게 전달한다. 교통수단은 그리스도의집에서 제공한다.

- 봉사내용: 환자들을 진료 예약에 동행하고 필요한 다른 조력을 제공
- 위치: 그리스도의집에서 시작해서 끝남. 봉사자는 환자와 운전자를 그리스도의집에서 만나고, 예정된 예약으로 환자와 동행하고, 환자와 운전자와 함께 '그리스도의집'으로 돌아옴.
- 일정: 이른 오전, 월~금, 3시간마다 교대
- 자격: 일반병원 운영시간 동안 시간을 내야 하고, 독립적으로 자원봉사하는 것을 불편해하지 않으며, 비밀 유지 가능자

3) 데이스프링침묵기도수양관

데이스프링침묵기도수양관Dayspring Retreat Center은 초교파적인 침묵기도 수양관으로 침묵, 고독, 삶의 돌아봄, 그리고 기도를 위한 장소이다. 210에이커(약 26만 평)의 구릉진 숲과 들판에서 오솔길을 거닐고 시냇물과 연못에 머물고 그늘 속 벤치에서 쉬고 돌로 된 미로들을 걸을 수 있다.

데이스프링침묵기도수양관 모임 장소인 랏지 건물, 입구에 있는 의자에 앉아 앞의 숲을 바라보며 묵상하는 장소이다.

두 동의 건물은 침묵의 장소를 찾는 모든 이를 환영한다. 들판이 내려다보이는 '랏지 건물'은 벽난로와 작은 서재가 있는 아름다운 거실과 부엌과 식당이 있다. 숲에 자리 잡은 '인 건물'에는 침대, 의자, 탁자와 싱크대가 있는 18개의 개별 방이 있다.

1953년에 세이비어교회는 현재 데이스프링 부지를 수양관을 위해서 구매했다. 적지만 매우 헌신적인 신자들은 1956년 봉헌된 랏지 오브 더 카펜터the Lodge of the Carpenter를 건축하는 데 함께 주말을 보냈다. 몇 년

후에 '인 건물'이 완공되었고 침묵기도 수련회가 시작되었다. 데이스프링침묵기도수양관은 70여 년이 되었고 이 건물의 벽과 땅은 많은 사람의 기도가 스며 있는 곳이다.

이 수양관은 이제 데이스프링 부지에 위치한 세이비어교회의 전통을 이은 사역공동체인 데이스프링교회의 사역이 되었다. 수양관은 흩어져 있는 다른 세이비어교회 사역공동체들과 밀접하게 연결되어 있고 데이스프링교회는 활기 넘치는 여러 공동체 중 하나이다.

데이스프링에서의 수양은 침묵의 시간이고 내면과 외면의 침묵 속에서 하나님을 만날 수 있도록 열려있다. 우리가 사는 세상은 우리에게 생각과 기도와 사색의 시간과 공간을 너무 적게 공급한다. 수양관에서 침묵은 우리가 우리 자신과 우리와 함께하는 다른 이들에게 주는 선물이기도 하다. 엘리자베스 오코너가 그의 저서 『헌신에로의 부름』에서 말했듯이, "데이스프링은 각 사람이 혼자되어 하나님과 만나는 것이 존중받고 보호받는 곳"이다.

침묵 수양은 회의, 강의, 수업 등의 다른 모임과 매우 다르다. 침묵 수양은 참여자들이 하나님과 개인적으로 만날 수 있도록 하는 것을 주된 목적으로 한다.

> "우리는 데이스프링을 사랑한다. 그 숲과 들판, 오솔길과 조용한 장소들, 넉넉히 뻗은 길들, 거기서 우리가 배우는 영적인 교훈들. 그것은 우리 모두를 명상하도록 하고, 심지어 신비주의적 삶에 대해 회의적인 관점을 가진 이들도 그것을 경험하게 한다."(엘리자베스 오코너, 『헌신에로의 부름』 중에서)

데이스프링은 메릴랜드의 나지막한 구릉들이 있는 210에이커(약 257,077평)의 크기의 장소이다. 세이비어교회가 이 농장을 처음 구매한 후(나중에 몇 에이커를 추가 구매했다.) 70여 년이 지난 지금도 데이스프링은 여전히 이곳을 찾는 이들을 사색하도록 만든다. 때에 따라서는 이 들판에 농사를 짓기도 했는데 지금은 보호구역으로 오래된 농장 밭에 둥지를 튼 새들과 다른 야생동물들에게 서식지를 제공하고 있다.

오랜 세월 동안, 여러 사역이 이 신성한 땅에서 진행되었다. 1950년대 중반에 지어진 침묵기도 수양관의 랏지 건물과 인 건물은 영혼과 영성을 위해 없어서는 안 될 자양분인 침묵을 제공하고 있다.

웰스프링컨퍼런스센터The Wellspring Conference Center는 1973년에 건립되어 회의와 침묵수양을 위한 보금자리를 제공한다. 이 아름다운 웰스프

웰스프링컨퍼런스센터/데이스프링침묵기도수양관 내에 위치한 컨퍼런스를 위한 장소이다.

링컨퍼런스센터는 바닥에서 천정까지 창문이 있어 주변의 숲과 들판을 안으로 이어주며, 장작나무 난로가 있는 돌로 된 벽난로가 있고 아치형 천장이 있다. 세 채의 시골풍 오두막은 최대 50명에게 숙박을 제공할 수 있는 시설이다.

1900년대 초반에 지어진 데이스프링침묵기도수양관 입구에 있는 한 농가건물이 데이스프링교회의 본부이다. 이 교회는 널리 인정받은 교회갱신의 모델이 된 세이비어교회 전통을 이어가고 있다. 오늘날 데이스프링교회는 기도의 깊은 삶과 세상에 대한 능동적인 사명과 예언적인 증거가 결합된 독립적인 사역공동체이다.

4) 믿음&재정네트워크

믿음과 재정을 연결하는 이유는 우리가 재정에 매듭knot으로 묶여 있기 때문이다. 혹시 다음과 같은 느낌을 가져 본 경험이 있는가?

믿음&재정네트워크 로고

- 현재 재정을 충분히 가지고 있지 않고, 또한 미래를 위해 충분히 가지지 않아서 불안하다고 느끼는가?
- 믿음보다는 문화적 압박으로 이루어진 재정 결정에 갇혀 있다고 느끼는가?
- 더 많은 것이 없이는 우리가 충분치 않다는 지속적인 메시지를 받으나, 침묵에 그리고 아마도 심지어 부끄러움에 싸여 있는 느낌을 가지고 있는가?

- 일 또는 불안, 소비, 약물에 중독되었다고 느끼는가?
- 돈을 벌고, 물건을 사고, 보호하고, 쌓고, 유지하고, 정리하고, 제거하느라 너무 바빠서 우리 삶에 대한 하나님의 부르심을 막고 있다고 느끼는가?
- 당신이 재정적인 삶을 영적인 삶과 분리할 때 하나님과 하나님의 공동체로부터 멀어지는 것을 느껴 본 적이 있는가?

해당되는 사항들이 있다면 재정에 얽힌 매듭을 풀어야만 한다. 우리는 돈과의 관계를 변화시킴으로써 다음의 것을 할 수 있다.

- 두려움보다는 믿음으로 재정적 결정을 할 수 있다.
- 우리가 충분히 소유했다는 느낌, 즉 풍요로움 안에서 살 수 있다.
- 정직하고 건설적인 재정 이야기를 할 수 있다.
- 공동체를 구축하여 개인 재무 포트폴리오를 넘어, 신뢰할 수 있는 것을 풍요롭게 할 수 있다.
- 하나님의 더 많은 공동체와 함께 연대를 형성할 수 있다.
- 하나님의 신실하고, 서로 연결된, 너그러운 사람들로서 온전하게 살아갈 수 있다.

이것은 쉽지 않은 일이지만 믿음&재정네트워크는 사람들로 하여금 정직하고, 정의로우며, 공동체에 중심을 둔 재정관리를 하도록 준비시킨다.

제공하는 것

믿음과재정네트워크는 교육 사역으로 사람들이 재정과의 관계를 변화시켜 정직함과 지향점을 가지고 살고, 더 공평한 세상을 만드는 것에 참여할 수 있도록 준비시키는 목표를 가지고 다음과 같은 프로그램을 제공한다.

- 재정 자서전 쓰기: 재정 자서전을 쓰는 것은 우리의 행동과 재정으로 일어나는 강력한 감정을 이해하는 데 어렵지만 중요한 단계이다.
- 온라인 스터디그룹: 믿음&재정네트워크의 6주 온라인 스터디그룹은 당신이 재정에 대해 가지는 습관과 과거를 탐구할 수 있는 기회를 제공한다.
- 재정 멘토링: 재정에 대한 습관과 관행을 바꾸기 위한 영적인 지도가 이루어진다.

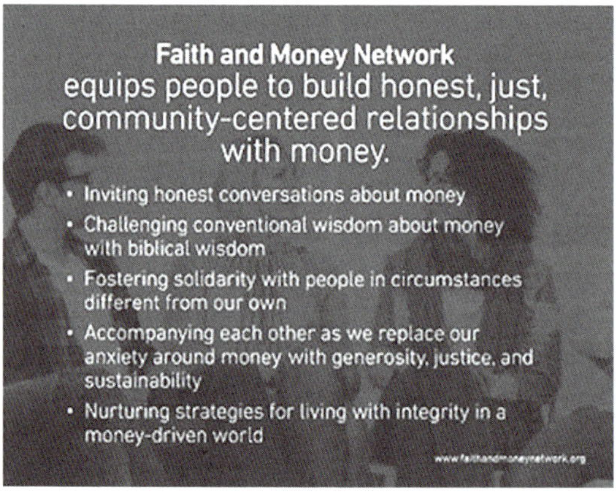

믿음&재정네트워크 사역은 믿음과 재정사용에 대한 바른 가치관을 교육하는 사역이다.

- 관점의 여행: 재정과 관련하여 하나님의 비전이라는 창을 통해 세상의 일부를 본다.
- 워크숍: 질문을 하고 자신만의 답을 찾아갈 수 있는 공간과 자유를 제공한다.
- 설교와 교육: 예배를 드리고 재정과 믿음에 대한 교육을 제공한다.
- 믿음과 재정 팟캐스트: 믿음과 재정 사이의 연결을 탐구하는 개인적인 인터뷰가 제공된다.
- 좀 더 깊이 들어가기: 당신은 더 깊이 들어갈 준비가 되어있는가? 당신과 재정의 관계를 더 깊이 이해하기 위해서 표면을 넘어서서 더 깊이 탐구할 의향이 있는가? 만일 그렇다면 믿음&재정네트워크가 그 길에 동반자가 될 수 있다.

일대일의 영적인 동행을 위해, '재정 멘토링'을 제공한다. 재정 멘토들은 가이드를 위해 질문을 던지고 동기를 부여하며 당신의 새로운 삶의 방식이 정의롭고 공평하고 지속가능한 비전을 갖도록 창의적인 상상력을 돕는다.

개인적으로 자신을 돌아보기 위해서, '믿음과 재정 팟캐스트'를 제공한다. 이것은 사람들이 재정과 관련된 주제에 관하여 그들의 이야기와 통찰을 나누는 일련의 인터뷰이다. 믿음과 재정에 대하여 열려있고 정직한 대화를 나누는 것은 대단히 중요하다.

리더 마이크 리틀 소개

마이크 리틀Mike Little은 믿음&재정네트워크Faith and Money Network의 내

믿음&재정네트워크 스텝들(왼쪽에서 두 번째가 대표인 마이크 리틀)

적·외적 작업의 디렉터이다. 마이크는 개인과 교회들의 관계를 양육하고 믿음의 사람으로서 삶과 재정이 어떤 역할을 하는지에 관하여 생각하고 논의하도록 돕는다. 그는 개인과 교회들이 영성과 재정을 탐구하는데 쓸 수 있는 자료를 구축한다.

마이크는 재정 멘토로서 재정이 우리 삶을 어떻게 결정하는지에 대한 이해를 깊게 하고, 이와 함께 재정에 관해 일관성 있는 행동을 원하는 개인들의 이야기를 듣고 그들과 함께한다. 그는 규칙적으로 페이스북에 글을 올리고 이메일 소식지를 보내 멤버들 관련 소식과 믿음과 재정에 관하여 쓰고 생각하는 것들을 접할 수 있도록 안내한다. 마이크는 또한 이 논의들을 넓혀 새로운 곳으로 참여자들을 인도한다. 그는 미국과 캐나다의 교회에서 설교와 교육을 하며 기금마련을 위한 캠페인이 아니라 삶의 한 방식으로서 청지기 역할로서의 재정에 대한 새로운 정의를 알아갈 수 있도록 돕는다.

마이크가 2007년 디렉터로 일을 시작하면서 아이티, 인도, 니콰라구아, 남아프리카 공화국, 그리고 미국에서 '관점을 새롭게 하는 여행' Trips of Perspective를 이끌었다. 비영리단체를 광범위하게 컨설팅을 하며 개인적으로, 조직상 재정이 어떤 역할을 하는지 그리고 그들의 사역을 위한 기금마련의 영적 토대를 개발할 수 있도록 도와왔다. 지난 25년 이상 여러 이사회의 이사로 봉사하면서 현재 '라이프어셋파이넨셜센터' Life Asset Financial Center의 이사회에 참여하고 있다. 이것은 세이비어교회의 새롭게 성장하고 있는 사역으로 기존의 전통적인 금융기관의 장벽을 경험한 사람들이 재정 서비스에 접근할 수 있는 기회를 제공한다. 마이크는 많은 이들이 찾는 능숙한 그룹 조정자로서, 그룹이 배우고 성장하고 함께 일하는 것을 돕는 수십 년의 경험을 가지고 있는 리더이다. 최근에는 '온빙' On Being(Krista Tippett이 이끄는 유명한 공영 라디오 프로그램)과 '펫저 인스티튜트' Fetzer Institute(John E. Fetzer)의 사회 환원으로 조성된 정신, 감성, 영성에 대한 연구와 인간의 성장을 돕는 목적을 가지고 설립된 재단'이 시작한 프로젝트의 소그룹 리더로 사역하였다.

마이크는 세이비어교회와 30년 이상 일해 왔고, 사마리아인 여인숙 사역의 책임자였고 노숙자, 약물중독, 저렴한 주택 제공과 구직을 돕는 사역에 지속적으로 봉사해 왔다. 그는 예수님 중심의 사회변화를 위한 정의구현 운동에 평생을 헌신했고 부인 비키와 두 아이와 워싱턴 디시 지역에 살고 있다.

■ 역사

믿음&재정네트워크는 재정에 관한 사역으로 35년 전에 시작되었다. 돈 맥클라넨Don McClanen은 재정과 두려움과 분노 사이에 관계를 인식했고 신앙적인 측면에서 이 문제를 다룬 사람이 거의 없다는 것을 알게 되었다. 첫 단계로 돈 맥클라넨은 세이비어교회 내부에서 이 문제를 위한 소그룹 미션그룹을 모집했고 재정 문제를 다루면서 일 년을 보냈다. 이 구성원들은 재정 상황에 대한 불안으로부터 더 자유로워지고 재정을 더 창의적으로 사용하는 법에 대한 보고서를 냈다. 이 경험에 근거하여 첫 번째 '재정 사역'Ministry of Money 워크숍이 1976년 열렸다.

믿음&재정워크숍이 이후 수백 번 열렸고 수천 명의 사람이 그들의 영적 믿음과 가치관에 뿌리를 두고 재정과의 관계를 탐구할 수 있도록 시간과 공동체와 자료들을 제공했다.

믿음&재정네트워크 포스터

1980년대 후반에 역선교의 순례가 시작되었다. 인도, 팔레스타인, 아이티 등 경제적으로 빈곤한 지역으로 소그룹 사람들을 데려가서 재정 자원이 거의 없는 열악한 상태에 살면서도 어떻게 일부 공동체들이 높은 신앙 속에 살고 있는지를 경험하게 하였다. 두 개의 소그룹 미션그룹이 재정 사역에서 분할되었다. 돈 맥클라넨은 특히 대단히 부유한 사람들과 일하는 부름을 받아 '추수의시대' Harvest Time를 형성하였다. '우먼스퍼스펙티브' The Women's Perspective는 1980년대 재정 사역 내부에서 시작되었고, 2001년 초반에 독립 비영리단체가 되어 영성과 재정의 힘에 대해 이해를 구하는 여성들을 교육해 왔다.

신실한 30년 이상의 사역으로, 재정 사역은 그 명칭을 믿음&재정네크워크로 변경하였다. 이 새로운 이름은 사람들의 재정과의 관계를 변모시키고 정직함과 지향성을 가지고 살며 더 공정한 세상을 만드는 데 참여할 수 있도록 비전을 제시하고 가이드 한다.

5) 어린이사랑모임: 불우어린이들을 양부모로서 돕는 모임

어린이사랑모임 로고

조등학교 3학년 말까지 국어 문해력과 8학년 말까지 수리 논리력이 형성되느냐가 어린이의 학업적인 성공과 발달의 핵심이다. '어린이사랑모임' For Love of Children은 교실 밖에서 워싱턴 디시 지역의 재원이 부족한 어린이들을 도와 초등학교 2학년에서 대학 이후까지 성공할 수 있도록 교육서비스를 제공한다. 매해 400명이 넘는 자원봉사자들이 600명 이상의 학생들을 일대일로 만나 학업증진을 돕고 있다. FLOC는 학생, 자원봉사자, 가정, 교육자, 그리고 교육 관련 파트너들을 연결하고 교육을 통해서 공동체가 자율적으로 변화할 수 있도록 돕는다. 프로그램 중 하나인 'JBG 스미스 시티 지도자 프로그램' JBG Smith City Leaders Program의 학생 전원이 고등학교를 적령기에 졸업했다. 모든 어린이의 잠재력이 상황에 관계없이 열리고 삶에서 성공할 수 있는 도시를 그려나간다. 어린이사랑모임은 워싱턴 디시에서 가장 성공한 작은 자선단체 중 하나이다.

사명선언

초등학교 2학년부터 대학과 진로에 이르기까지 학생들이 성공할 수 있도록 교실 밖에서 교육적 지원과 서비스를 제공한다.

인권운동에서 영감을 얻은 풀뿌리 변화에 대한 FLOC의 헌신은 1960년대 인권운동에서 직접적으로 비롯되었다. 1965년 3월, 세이비어교회의 고든 코스비 목사는 인권운동의 기폭제가 된 앨라바마 주 셀마(1960년대 미국 인권운동의 발원지)에서 열린 획기적인 시민 인권 시위에 참여한 사람 중 한 명이었다. 코스비 목사는 남부에 있는 흑인교회들에서 영감을 얻었는데, 이 교회들은 사람들에게 평등과 정의를 약속한다고 주장했다. 그는 이 영감과 믿음을 세이비어교회 교인들과 공유하면서, 하나님의 영이 어떻게 소명으로 인해 공동체를 섬길 수 있는지를 인식하도록 했다. 이러한 믿음은 차별을 훨씬 뛰어넘는 변화에 대한 희망을 불어넣었고, 소외된 지역이 신앙과 결단력 있는 사람들에 의해 도시별로, 지역별로 서서히 바뀔 수 있다는 생각을 포함하였다.

어린이사랑모임/자원봉사자의 학습지도 장면

세이비어교회의 코스비 목사가 알라바마 주 셀마에서 돌아왔을 때, 그는 흑인들이 경제적, 시민적 삶에서 어떻게 배제되었는지에 대해 일련의 설교를 했다. 그 중 비극적인 예가 워싱턴 디시 지역의 시설 보호아동들이 어떻게 가정과 학교의 돌봄 지원에서 배제되었는가이다. 코스비 목사가 이 관련성을 밝혀 나갈 때, 신도 중 몇 명이 이 문제를 해결해 나갈 소명을 느꼈고 이 과정에서 FLOC가 시작되었다. 기독교의 뿌리가 FLOC 기반의 중요한 부분이기는 하지만, FLOC는 종파를 초월하여 실용적으로 사역하고 있다. 초기 활동가들의 사역은 오늘날까지 FLOC의 미션에 영감을 주고 있다.

시민 인권운동의 초기 계획 중 하나는 흑인을 위한 교육기회 불평등을 해결하는 것이었다. 지금도 미국의 대부분 어린이들, 특히 저소득층의 유색인종 아동들은 제대로 교육을 받지 못한다. 이에 대해 마틴 루터 킹 목사가 어떻게 말할지 궁금해진다. 아마도 그는 소망을 가진 사람으로서 우리 젊은이들에 대해 낙관적으로 말할 것이고 아이들이 배울 능력이 부족하다는 생각에 동의하지 않을 것이다. 모든 아이들은 배울 수 있다. FLOC의 주요 목표는 모든 학생이 그들의 인종, 민족, 사는 지역과 상관없이 그들의 꿈을 이루는 데 필요한 지원을 받도록 하는 것이다.

▮ 방치된 아동들의 옹호자들

50년 이상 운영해 오면서 FLOC는 만 명이 넘은 아동들과 청소년들을 위해 봉사했고 워싱턴 디시에서 가장 존경받는 빈민지역 비영리단체 중 하나가 되었다. FLOC는 1965년 교회 연합체와 시민의 단결로 900명의 소외되고 학대당한 어린이들은 돕기 위해 설립되었다. 이 어린이들은 당시 워싱턴 디시의 정원초과로 인력이 부족한 '주니어 빌리지' Junior Village라는 시설에 수용되어 있었다. FLOC와 파트너들은 실행 가능한 학교 교육과 이 아이들에게 대안이 될 수 있는 생활을 조직했고 1973년 그 시설이 문을 닫도록 했다. FLOC의 초기 지도자들은 워싱턴 디시 지역의 첫 번째 '아동권리신장센터' Children Advocacy Center를 설립하고 도시의 16개 아동 보호 입양 단체의 협력체인 '아동복지협력단' the Consortium for Child Welfare을 만들었다.

1970년대 중반부터 1990년대까지 FLOC는 다양한 아동과 가족에 봉사해 왔고 관련 프로그램을 만들어 내는 역할을 했다. 이 중 하나인 '호프앤어홈' Hope and a Home은 과도기에 머무는 주택 프로그램으로 부모들이 공동체의 도움과 보호 속에서 자녀들의 안정적인 양육이 가능한 가정을 만들 수 있도록 지원하는 사역이다. 2005년에는 호프앤어홈은 연방법상 비과세 대상인 독립 단체로 설립되었다. FLOC는 또한 '선상한 가족 이니셔티브' the Healthy Families Initiative의 설립자 중 하나가 되었다. 이 프로그램은 '메리스 산모와 신생아 돌봄센터' Mary's Center for Maternal and Child Care의 중요 프로그램의 일부로 남아 있다. 1999년 FLOC는 '패밀리 인터벤션 프로그램' the Family Intervention Program을 디자인해서 시애틀의 '케시 패밀리 프로그램' the Casey Family Programs과 '디시 아동과 가족 서비스 에이전시' the DC Child and Family Services Agency와 같은 목적으로 협력하고 있다.

6) 희년 주거 사역

희년 주거 사역Jubilee Housing은 집 없는 저소득층의 다양한 사람들이 서로 고통과 사랑을 나누는 공동체를 만들어 모든 이들이 함께 성장해 갈 수 있는 기회를 만들기 위해 시작되었다. 희년 주거 사역은 주거를 통해 공정한 삶을 만들어 낸다.

희년 주거 사역 로고

공정한 주거는 도심지개발로 성장하는 지역에, 또는 그 근처에 수입에 맞게 비용을 감당할 수 있는 집을 마련하는 것이다.

희년 주거 사역은 세이비어교회의 지역사회사역인 희년사역Jubilee Ministry의 첫 번째 사역이다. 집 없는 사람들에게 소득에 맞는 주거를 제공하는 사역Affordable Housing은 콜롬비아 메릴랜드의 부동산 사업가인 제임스 라우스James Lause가 허름한 두 동의 아파트 건물을 기증하고 전국에서 자원봉사자들이 참여 리모델링하여 희년 주거 사역이 시작되었다. 지금은 10개동의 800여 명이 거주하는 사역이 되었다.

제임스 라우스

희년 주거 사역은 다양하고 자비로운 공동체를 구성하여 모든 이들이 잘 성장해 갈 기회를 만들기 위해 시작되었다. 이 사역은 기본적인 자원과 기회가 모든 사람에게 주어지고, 사람들이 기회를 지원해주는 공동체의 맥락 속에서 함께 사는 도시와 세상을 꿈꾼다. 희년 주거 사역이 기여하고자 하는 바는 이 큰 비전의 한 부분을 미국의 수도인 워싱턴 디시 안의 한 지역사회에서 만들고 유지하며, 이 현실적 기반으로부터 더 넓은 사회에 변화가 일어날 수 있도록 영향력을 미치는 것이다.

희년 주거 사역의 잘 정비된 주거시설(Affording Housing)

희년 주거 사역은 1973년 세이비어교회 성도들이 워싱턴 디시 중심부에 기준에 못 미치는 저소득층 사람들의 주거 문제를 다룰 필요를 위해 시작되었다. 세이비어교회 성도들은 먼저 아담스 모르간 지역에 있는 아파트 건물The Mozart and Ritz apartment을 구입하고, 그 이후로 인근에 있는 10개의 건물을 구입하여, 연간 800명의 사람들에게 주거와 지원 서비스를 제공할 수 있을 만큼 성장했다. 현재 저소득층 가족들은 그들이 살고 있는 집세를 감당할 수 있는 능력이 없어서 지역에서 밀려나고 있는데, 희년 주거 사역은 그들이 도시 발전의 혜택을 받을 수 있도록 돕고 있다. 그럼으로써 사역은 정의로운 주거를 만드는 데 헌신하고 있다.

이 사역은 신앙과 소명에 뿌리를 두고 지원하는 공동체를 만들고 유지하는 역할을 한다. 또한 모든 사람이 만족스러운 삶을 살기 위해 필요로 하는 것들을 재공하고, 새로운 기회들이 내재된 재능을 드러나게 하고 동기부여로 활용될 수 있다고 믿는다. 희년 주거 사역의 구성원들은 각 사람의 자기 결단을 믿고 서로 동역자로서 일하며 재능을 발견할 수 있다고 믿는다. 사람들이 공동체로 삶을 함께 경험함으로써 장애물을 극복하고 꿈을 실현할 수 있다고 믿는다. 공동체에 대한 이러한 접근법이 장벽을 무너뜨리고 이 도시의 모든 이들이 함께 성장하도록 돕고 있다.

하는 일

희년 주거 사역은 가난과 결핍을 경험하는 많은 사람들이 기회를 얻는 것에 제한적인 사회에 살고 있다. 현대 사회의 이러한 현실 속에서 희년 주거 사역의 최우선 과제는 소외된 사람들에게 정의를 찾아주는 것이다. 워싱턴 디시의 고급주택가에 수입에 맞는 적당한 가격의 주택을 제공함으로써, 저소득층 개인과 가족들이 정착할 수 있도록 돕고 위험에 처한 사람들을 위한 거주공간이 도시에 마련될 수 있도록 보장한다. 또한 인종과 경제적 경계를 초월한 관계 형성을 장려하고 자원봉사자와 지지자들을 초청하여 거주자 공동체와의 상호관계를 맺도록 하고 있다. 궁극적으로 사람 중심, 장소 기반 및 파트너십 중심의 전략과 솔루션을 결합하여 입주자들의 삶에 영향을 미친다.

사람 중심

공동체의 모든 사람은 각 사람마다 독특한 재능과 강점이 있다. 희년 주거 사역공동체는 사람들의 잠재력을 활용하도록 도울 기회를 만든다. 주민들과 협력하여 청년과 가족, 귀향 시민, 그리고 기회 접근이 제한적인 다양한 배경을 가진 사람들을 위해 경제적 안정을 도모하는 프로그램을 개발하고 있다. 이 프로그램에는 개인적인 성장의 통로로 지속적인 교육, 재무 코칭, 진로 준비, 저축 및 신용 쌓기 기회 등이 포함된다. 지역사회 구성원들은 개인의 성장과 더불어 주민협의회 및 이사회에서 리더십 기회를 통해 이웃의 발전에 기여할 수 있도록 초대된다.

장소 기반

함께 사는 공동체란 공통의 목적을 가진 사람들의 집단일 뿐만 아니라 실제적인 삶을 나누는 사람들의 모임이다. 따라서 희년 주거 사역은 사람들이 서로 연결되고 기회와 자원을 쉽게 접할 수 있도록 하기 위해, 다양한 지원 서비스를 갖춘 주택을 개발하기 위해 최선을 다하고 있다. 이를 위해 주거 사역팀은 아담스 모르간, 컬럼비아 하이츠, 마운트 플레

희년 주거 사역을 평생 섬겨온 바바라가 이 사역의 역사에 대해 설명하고 있다.

전트 지역에 있는 8개의 다세대 아파트와 2개의 집을 매입하였다. 매입한 주택의 대부분은 저소득층 사람들이 감당할 수 있을 만큼의 저렴한 비용으로 제공되고 있다.

파트너십 중심

사람들이 스스로 삶의 어려움을 극복하는 것은 쉽지 않다. 따라서 다른 사람들에게 어려움을 당한 이들을 돕도록 격려하는 것은 매우 중요하다. 수년간 희년 주거 사역은 어려움을 영속화시키는 시스템에 도전하고 자료와 전문지식을 공유하여 전략적 협업 파트너십을 구축해 왔다. 이 파트너 중심 모델은 두 가지인데 하나는, '뉴 본 투 칼리지 앤 커리어 파이프라인' the New born to College and Career Pipeline으로 요람에서 직장까지 가족에 대한 종합적인 지원을 하며, 다른 하나는 '플랫폼 오브 호프' the Platform of Hope로서 재무 계획, 저축 증가, 혁신적인 새로운 신용 구축 기회를 위한 재정 능력을 키우는 조직이다.

공정한 주거란 무엇인가?

공정한 주거는 발전하는 지역에 위치한 저소득층의 사람들이 자기 수입에 맞게 주택비를 지급하고 거주하는 것이다.

도시가 성장함에 따라, 장기 거주자들이 그들의 지역사회에 머무르거나 저소득 거주자들이 새로 발전하는 지역으로 이주하는 것이 점점 더 어려워지게 되었다.

이에 따라, 희년 주거 사역은 발전하는 지역에서 프로그램 및 서비스에 쉽게 접근할 수 있는 고품질의 매우 저렴한 주택을 제공함으로써 사람들을 도시와 연결해 준다. 이것이 공정한 거주이다.

매우 저렴한 주택

희년 주거 사역은 저소득층에게 "저렴한 주택"이 아닌 "매우 저렴한 주택"을 제공한다. 희년 주거 사역의 아파트 3분의 2는 지역 중위소득의 30% 이하 또는 4인 가족 기준 34,000달러 이하의 주민에게만 제공된다. 거의 모든 가구의 소득은 지역 중위소득 60% 이하이다.

이는 미국 주택개발부Department of Housing and Urban Development에 의해 정의된 바와 같이 지역 중위소득 80%까지 확장되는 "저렴한 주택"과는 대조적이다. 여기에는 최대 65,000달러를 버는 개인이 포함된다. 모든 단계에서 합리적인 가격의 주택이 필요하지만, 지역 중위소득 30% 이하 거주자의 60% 이상은 소득의 절반 이상을 임대료로 사용한다.

이들은 워싱턴 디시에서 생활하는데 상당한 어려움에 직면하고 있으며 노숙자, 최저 임금을 받는 근로자, 노인과 장애인을 비롯한 많은 가구가 포함된다.

해당 지역 및 인근 서비스

매우 저렴한 주택에 대한 자격을 갖춘 개인과 가구는 종종 주택 외에도 다양한 장벽을 만난다. 여기에는 재정적 수단에 대한 지식 부족, 학생의 성적 미달, 해결되지 않은 의료 문제, 부모가 일하는 동안 어린 자녀를 보육해야 하는 필요성이 포함된다.

아담스 모르간 지역에 잘 성비된 임대주택단지 모습

이러한 요구에 부응하기 위해 희년 주거 사역은 파트너 관계에 있는 비영리단체와 협력하여 건물 내부 및 주변 주민들에게 지원 서비스를 제공한다. 가능한 한 자녀가 살고 있는 곳에 있는 조기 학습 센터나 방과 후 프로그램에 데려다줄 수 있도록 한다. 희년 주거 사역은 보행 가능한 지역 내의 거주자들을 위한 종합적인 서비스를 조율하여, 거주자들이 기회를 놓치지 않도록 보장한다. 이러한 서비스는 거주자가 매우 저렴한 임대료와 주변 지원책을 활용하여 안정된 생활을 할 수 있도록 한다.

번창하는 이웃

장소는 대단히 중요하다. 최근 연구에 따르면 우편번호가 미래의 성공에 대한 가장 높은 단일 예측 변수라는 것을 보여준다. 자원이 풍부한 지역에 사는 저소득 가정은 다른 저소득층 가정보다 미래 소득이 더 높고 정부 지원에 덜 의존하게 된다.

희년 주거 사역은 전면적인 변화를 강요하는 시장의 힘에 직면한 상황 속에서도 형평성을 높이고 많은 사람을 포함할 수 있도록 노력한다. 새로운 거주자들을 끌어들이고 있는 성장한 도시에는, 사람들을 위한 두 가지 길이 있는 듯하다. 하나는 풍요와 번영의 물결에 합류하는 것이고, 다른 하나는 성장으로부터 단절되어 주변부로 밀려나는 것이다.

희년 주거 사역은 모든 사람이 잘살 수 있도록 이러한 격차를 줄이는 것이다. 공정한 주거는 그것은 모든 주민이 소득, 인종, 과거 전력, 또는 배경과 상관없이 번영할 수 있는 동등한 기회를 갖는 도시를 실현하기 위한 첫걸음이 될 것이다.

7) 희년 직업소개 사역

희년 직업소개 사역Jubilee Jobs은 전문성과 인성을 갖춰 일할 준비가 되어있는 사람들에게 일자리를 찾는 서비스를 제공한다.

희년 직업소개 사역 로고

1981년부터 희년 직업소개 사역은 워싱턴 디시 대도시 지역의 고용주들과 준비된 구직자들을 연결해 왔다. 이 사역은 저소득 주택 프로그램에 거주하는 개인의 취업 요구에 대응하기 시작했으며, 도시에서 가장 크고 가장 오래된 고용 조직 중 하나로 성장했다. 취업 준비와 배치 과정을 전문적이고 배려심을 가지고 함으로써, 27,000명 이상의 사람들이 일자리를 찾았고 도시 전체의 개인과 사업체의 요구를 충족시켜왔다. 모든 서비스는 지원자에게 무료로 제공된다.

생계, 품위, 희망은 희년 직업소개 사역의 공동 목표이다. 모든 지원자가 구직에 대한 열망을 가지고 찾아온다. 따라서 모든 서비스는 그들의 과거나 이전 경험이 무엇이더라도 그들의 장점과 재능을 바탕으로 시작한다.

성공과 발전을 위한 전략은 실업의 고립을 직업의 생산성으로 대체하고, 일을 중심으로 지원하여 공동체의 수준을 높이는 것이다. 이를 위해 고용 전문가, 자원봉사자, 고용 파트너, 기부자들과 함께 노력한다.

적절한 소득은 개인에게 가장 기본적인 필수품을 제공할 수 있게 해주기 때문에 직업을 갖는 것은 생활이 어려운 사람들에게는 가장 중요한

희년 직업소개 사역을 설명하는 설립자 테리 플러드 여사

사건이다. 희년 주거 사역은 39년 이상의 경험을 바탕으로 취업을 돕고 이를 통해 빈곤을 줄이는 데 기여하고 있다.

구직자들을 위한 과정

– 1단계: 오리엔테이션

일반적으로 희년 주거 사역 프로그램은 오리엔테이션에서 시작한다. 오리엔테이션을 통해 프로그램이 무엇을 제공하고 채용 과정이 어떻게 진행되는지 알 수 있다. 이를 통해 개인은 프로그램이 자신의 필요에 적합한지 판단하고, 필요에 적합하다면 개별 취업 상담을 위해 일정을 잡는다. 그러나 코로나19 대유행 기간 동안 희년 주거 사역은 비대면으로 방향을 전환했다.

– 2단계: 취업 상담 예약

오리엔테이션에 참석한 후에는 (202)667-8970번으로 전화해서 채용 상담사와 예약한다. 사무실은 열려있지만 업무 시간에는 건물에 있는 인원수를 제한하고 있다. 방문 시에는 마스크를 착용해야 한다.

– 3단계: 작업 준비 및 배치 서비스

희년 주거 사역은 모든 지원자가 일자리를 찾을 수 있게 돕는다는 목표로 구직 과정을 안내한다. 이 과정은 다음과 같은 과정이 포함된다.

· 직무 이력, 기술 및 특정 상황을 평가하기 위해 직무 상담사와의 개별 면담
· 개인 모의면접을 포함하여 인터뷰 방법을 위한 워크숍
· 이력서 작성
· 온라인 지원서 작성
· 추천인이 있는 면접 제공
· 인터뷰 후속 조치 및 피드백
· 서류 작성 지원

※ 대부분의 개별 작업 준비 및 구직 활동은 전화 또는 실시간 화상 회의Zoom를 통해 원격으로 이루어진다.

– 4단계: 직업 유지 지원

희년 주거 사역은 최소 2년 동안 모든 지원자와 연락을 유지한다. 직업 유지 서비스에는 매달 '잡 프렌즈 디너'Job Friends Dinner에 초대와 일자리 상담사와 월 정기 면담, 교육·훈련 기회 및 추가 일자리에 대한 정보제공 등이 포함된다. 사역의 목표는 앞으로 나아갈 수 있도록 지지해주고 성장하는 공동체를 만드는 것이다

▮ 새 세대 리더 프로그램

새 세대 리더 프로그램은 모든 청소년이 자신의 꿈이 실현될 수 있도록 돕기 위해 마련되었다. 프로그램 목표는 다음과 같다.

· 전문적이고 배려심 있는 구직 준비, 배치 및 직무 유지 서비스를 제공한다.

· 지원자가 취업과정 전반에 걸쳐 진로 목표와 실행 가능한 다음 단계로 갈 수 있도록 지원한다.

· 지원자가 직업학교에서 고졸 학력인증, 2년제 대학 준학사 학위, 학사학위 또는 자격증을 취득하여 더욱 높은 수준의 교육을 받을 수 있도록 유도한다.

· 세 세대 리더에게 개인 및 전문적 성장을 위한 지원책(장학금, 인맥, 일자리)에 접근할 수 있도록 연결한다.

8) 토기장이의집

▮ 제공하는 것

토기장이의집The Potter's House은 사회 운동, 정의와 형평성, 문화 연구, 영적 전통에 대한 자료수집 기획을 전문으로 한다. 커피, 차 음료, 베이커리 및 음식은 온라인 또는 카운터에서 주문할 수 있으며, 모두 매장 내 픽업이 가능하다. 또한 매월 수백 명분의 어려운 사람들에게 무료 급식을 제공하고 있다.

토기를 만드는 두 손

토기장이의집은 워싱턴 디시 아담스 모르간 지역에 위치한 비영리 카페, 서점, 이벤트 공간으로 1960년 문을 연 이래 보다 깊은 대화와 창의적 표현, 공동체 변혁의 열쇠가 되어 왔다. 2013년 지역의 도심지개발의 영향으로 주요 개보수 공사를 위해 문을 닫은 후, 2015년 봄 재개장하여 새롭게 단장한 공간과 새로운 서비스를 제공하고 있다.

빠르게 변화하고 있는 도시에서, 종종 도시개발은 강제적인 이주를 의미하기도 하지만, 토기장이의집은 사회구성원들의 차이점을 넘어 관계를 구축하고, 대안을 구상하고, 그것들을 가능하게 할 움직임을 성장시킬 수 있는 뿌리 깊은 공간이다

역사

1960년에 시작한 토기장이의집은 아담스 모르간의 이야기와 얽혀 있다. 지역의 축복을 찬양하고 어려움을 나누며, 콜롬비아 거리에 있는 이 소박한 커피하우스는 사회운동, 예술, 지역사회 발전의 활기찬 중심지로 성장했다.

토기장이의집 비전은 고든 코스비와 메리 코스비가 뉴잉글랜드에 있는 시끄러운 주막에서의 경험에 의해 탄생했다. 그들은 방금 다녀온 고루한 교회보다는 예수님께서 누구나 함께할 수 있는 편안한 집에 더 계시기 원할 거라고 생각하며, 종교에 상관없이 모든 사람을 환영할 수 있는

토기장이의집 초창기 모습

곳, 인생의 큰 의문점을 탐구할 장소를 생각하기 시작했다. 세이비어교회 회원들은 이러한 아이디어를 중심으로 모였고, 토기장이의집은 곧 현실이 되었다.

토기장이집은 재사용된 건물의 목재 벽과 촛불이 켜진 흰 식탁보로 장식되었다. 특제 커피와 디저트는 보다 깊은 대화를 나누기 위해 몰려든 사람들을 끌어들였고, 그 대화 중 일부는 주간 라디오 쇼에서 방송되었다. 이곳에서 한 예술가 길드가 순회 전시회를 기획하고 거리에 그들의 창작 작품을 공유하기 위한 갤러리와 선물 가게를 시작했다. 1960년대 중반까지 토기장이의집은 전국적인 현상이 되었고, 교회와 캠퍼스에도 비슷한 커피하우스가 생겨났다.

시민 인권운동에 고무된 교회 멤버들은 큰 시립 고아원인 "주니어 빌리지'에 방치된 아이들을 돌보기 시작했다. 1965년 '어린이사랑모임'

을 창립한 이들은 청년들을 위한 생활 대안을 확보해 결국 주니어 빌리지를 문닫을 수 있도록 했다. 1968년 마틴 루터 킹 목사의 암살 이후 일어난 폭동을 경험한 이후, 대부분 백인이 주도한 토기장이의집은 흑인 이웃들과 더욱 깊은 관계를 맺기 시작했다. 수년간의 인종 차별적 투자가 이 지역에 타격을 입히기 시작했고 수백 가구가 과도한 임대료를 내면서 빈민가에서 살고 있었다. 빈곤과 특권을 넘나들며 관계를 쌓은 희년 주거 사역은 1973년 모차르트와 리츠 아파트를 구입하여 복원하고 저렴한 임대료를 보장하기 위해 결성되었다. 곧 뒤이어 희년 주거 사역 거주자들을 위한 방과후 프로그램인 선한 목자 사역과 무료 건강 진료소도 문을 열었다.

1970년대에 아담스 모르간 지역은 사회운동과 문화적 변화의 소용돌이치는 중심지였다. 지역의 오랜 이웃 주민들이 '블랙파워'Black Power라는 기치 아래 차별과 원치 않는 이주에 대항하여 투쟁을 벌였다. 메이데이 부족The Mayday Tribe은 라니어 플레이스Lanier Place에 있는 그들의 공동주택에서 대규모 반전 행동을 계획했다. 라틴 아메리카에서 온 초기 이민자들이 아담스 모르간과 인근 마운트 플레전트Mt. Pleasant 지역으로 이주한 남미의 이민자들은 그들의 문화를 이곳으로 가져왔고 매년 많은 사람이 참여하는 라틴 페스티벌을 개최했다. 이러한 발전을 반영하여, 토기장이의

희년 주거 사역에 사용되는 아파트

집의 프로그램들은 해방, 연대, 그리고 지구를 위한 보살핌이라는 주제를 점점 더 탐구하였다. 프로그램은 스페인어로도 정기적으로 열렸고 인근 유니티 파크Unity Park에서 종종 연주되는 북소리가 이곳 토기장이의집 안으로 들어오기 시작했다. 갈등이 없는 것은 아니지만, 엘리자베스 오코너가 그녀의 저서 『새로운 공동체』*The New Community*에서 기록한 것처럼 세이비어교회의 비전은 이전의 경계를 넘어 확대되었다.

1976년 세이비어교회는 더 작은 교회로 분화되었고, 그중 몇 개는 토기장이의집에서 시작되었다. 이 교회들은 지역사회 발전의 중요한 기반이 되었고 도심에 자금 지원이 감소하는 시대에 중요한 인프라를 제공하게 되었다. 그 후 10년 동안 많은 지원 단체가 등장했다. 희년 주거 사역은 일자리를 찾기 위해 애쓰는 사람들에게 일자리를 제공하는 길을 안내했다. 방주공동체는 지적장애인을 위한 보호시설에 인간 중심적인 대안을 제시했다. '사라의 서클'Sarah's Circle은 아담스 모르간 지역 노인들이

노인 사역인 사라의 서클 건물 모습

노년 준비를 할 수 있도록 도왔다. 그리스도의집은 노숙자들이 쉬고 치유될 수 있는 공간을 제공했다. 사마리아인 여인숙은 약물 중독에서 회복 단계에 있는 사람들을 지원했다. '희망아카데미' Academy of Hope는 성인들이 교육을 계속 이어 나갈 수 있도록 했다. 위기의 절정기에 세워진 '요셉의집' Joseph's House은 에이즈로 죽어가는 사람들과 함께했다.

중앙아메리카 내전을 피해 도망 나온 정치·경제 난민들과 동행하는 또 다른 소명이 1980년대에 있었다. '패밀리플레이스' Family Place와 '콜롬비아로드진료소'는 이러한 초기 이민자들에게 중요한 시금석이 되었으며, 젊은 부모들을 지원하고 공식 거주 자격이 없는 이들에게 의료서비스를 제공하였다. 법적 제재를 무릅쓰고, 제8일사역공동체와 희년교회는 서로를 피난처 공동체로 선언하고, 미국의 외교 정책에 항의하여 저항 서약서 동원을 도왔다. 이 지역에 정착한 엘살바도르 사람들과 다른 중남미계 사람들은 컬럼비아 가에 소규모 사업을 열었고 토기장이의집의 새로운 이웃이 되었다.

이러한 활동가들의 노력과 함께 예술에 대한 새로운 강조가 생겨났다. '토기장이의집 출판사' Potter's House Press는 개별 예술가들의 작품뿐만 아니라 라틴 공예와 지역 거리 예술을 기록한 아름다운 홍보물을 제작했다. '케리그마' Kerygma는 연극과 낭독을 무대에 올렸고 포크송 가수들은 커피하우스 앞에서 공연을 했다. 후한 접대 역시 토기장이의집에서 행해졌다. 경험 많은 요리사는 고구마 파이와 다른 소울푸드로 모두를 환영했다. 이러한 환대는 지불 능력에 상관없이 이 집에 들어오는 모든 사람에게 제공되었고, 토기장이의집은 주변부로 소외된 사람들에게 안전한 안식처로 알려지게 되었다.

연대

토기장이의집은 아담스 모르간 지역과 도시 전역에 있는 수많은 사회정의 및 비영리 파트너와 협력한다. 인종적 정의에서부터 아이들의 독서 프로그램, 투표 참여 독려 등을 위해 그들이 가진 공간, 플랫폼, 자원을 제공한다. 우리는 다른 곳에서 언제나 환영받지는 못하는 사람들에게 안전과 환대, 친절의 오아시스가 되는 것을 목표로 한다. '플레이잇포워드' PayItForward 프로그램을 통해 매일 문을 열고, 이유를 불문하고 도움이 필요한 이웃에게 따뜻한 식사를 무료로 제공한다.

정의

토기장이의집의 파트타임 직원들은 업계 평균 이상의 임금으로 시작하며, 균등하게 배분된 팁을 포함하여 시간당 18~21달러의 임금을 받

토기장이집에서의 모임 장면

토기장이의집 안 책꽂이 모습. 사회 이슈에 대한 책들이 눈에 띈다.

고 있다. 주당 평균 30시간 이상 근무하는 직원은 100% 고용주가 부담하는 보험료가 포함된 건강 보험을 제공받는다.

영성

토기장이의집은 영성이 있는 곳이고 모든 영적 믿음과 전통을 소중히 여긴다. 당신이 무엇을 믿든, 무엇을 믿지 않든, 모든 사람을 환영한다. 파트너 사역공동체인 제8일사역공동체, 희년교회, 생명의빵교회는 가까이 있는 축제교회와 토기장이의집 커뮤니티 룸에서 열리는데 예배에 참석하기 원하는 모든 사람을 환영한다.

지구를 위한 보살핌

지붕에는 태양광 패널이 설치되어 있으며, 전력은 100% 풍력으로 공급된다. 식물 찌꺼기와 커피 찌꺼기는 컴포스 크루Compost Crew 지역 친환경 폐기물 업체에 의해 풍부하고 비옥한 토양으로 변모된다. 토기장이의집은 가급적 퇴비, 또는 재활용이 가능한 용기와 식기를 사용한다. 비용이 더 들지만 그만한 가치가 있다. 받은 것을 사회로 돌려주는 것은 의미있는 일이다. 토기장이의집은 많은 이들이 참여하는 기부금으로 운영되며, 이 기부금을 통해 이웃들에게 식사를 제공하고, 재력과 상관없이 모든 이들이 환영받는 따뜻한 공간을 창조해 나갈 수 있다.

9) 사마리아인 여인숙 사역: 중독 사역

▮ 사명

사마리아인 여인숙 사역Samaritan Inns은 마약과 알코올 중독으로 고통받는 노숙자나 위험에 처한 개인들에게 삶의 재건 기회를 주기 위한 체계화된 주거 및 회복 서비스를 제공한다.

사마리아인 여인숙 사역 로고

"여호와의 말씀이니라 너희를 향한 나의 생각을 내가 아나니 평안이요 재앙이 아니니라 너희에게 미래와 희망을 주는 것이니라"(렘 29:11)

▮ 역사

"예수께서 이르시되 가서 너도 이와 같이 하라 하시니라"(눅 10:25~37)

사마리아인 여인숙 사역은 1985년 워싱턴 디시 중심부에 노숙과 중독을 극복하고자 하는 9명의 남성을 수용할 수 있는 하나의 과도기적인 주택으로 시작했다. 사마리아 여인숙의 설립자인 데이비드 에릭슨David Erickson과 킬리언 노Killian Noe는 미국의 수도인 워싱턴 디시에서 그들이 관찰한 노숙자 문제에 관심을 기울여야 한다고 느꼈다. 곧 그들은 노숙자들에게 쉼터와 음식을 제공하는 것을 넘어서, 중독에 대한 서비스를 전반적으로 다룰 필요가 있다는 것을 알게 되었다.

시간이 흐르면서 사마리아인 여인숙은 워싱턴 디시 전역에 과거 마약 중독자 피난처를 포함한 8개의 건물을 매입하고 완전히 개조했다. 이 건물에서 매년 500여 명의 남녀가 모여 생활하고 있으며, 이들 개개인이 그들의 관계, 경력, 삶을 되찾을 수 있도록 돕는 것이 사마리아인 여인숙만의 독특한 사역이다.

사마리아인 여인숙에서 사역하는 헌신적인 직원과 자원봉사자들은 그 문을 통과하는 모든 사람에게 개인적인 책임과 애정 어린 존중의 환경을 지속적으로 조성하고 있다. 사람들은 망가진 채로 도착하지만, 이곳에서 온전한 사람, 능력 있는 부모, 그리고 사회에 기여하는 구성원이 되어 나간다.

· 1985년 모차르트 플레이스 여인숙 개관 - 남성 노숙자용

· 1987년 풀러 스트리트 여인숙 개관 - 남성 노숙자용

· 1988년 하버드 스트리트 여인숙 개관 - 여성 임산부 노숙자용

사마리아인 여인숙 사역 스탭

· 1991년 나사로 하우스 개관 - 장기 회복을 위한 주택 81채
· 1994년 타비사 하우스 개관 - 장기 회복을 위한 주택 45채
· 1998년 나사로 하우스 - 28일 거주 집중치료 프로그램 시작
· 2000년 엘리사 하우스 개관 - 장기 회복을 위한 주택 49채
· 2010년 사마리아인 여인숙 25주년
· 2015년 클라라크 여인숙 - 새로운 아동 여성 치료 프로그램 시작
· 2019 페어몬트 여인숙 - 남성들을 위한 새로운 과도기 치료 프로그램 개설
· 2021년 호프하우스 - 여성을 위한 새로운 과도기 치료 프로그램 개설

각종 프로그램

– 성인 치료 프로그램

사마리아인 여인숙의 치료 및 회복 프로그램은 중독자 치료에 독특하고 총체적인 접근방식으로 잘 알려져 있다. 성인 중독 사역은 체계화된 주거 및 치유 서비스의 지원을 제공하고, 또한 노숙자 및 중독된 남성과 여성이 그들의 삶을 재건할 수 있는 기회를 제공한다.

성인 치료 프로그램은 18세에서 65세 사이의 남녀를 노숙과 중독의 삶으로부터 해방시키고자 하는 첫 번째 단계이다. 이 프로그램은 디시 행동보건부DC Department of Behavioral Health의 인증과 저소득층 의료 보장 제도Medicaid의 승인을 받았다.

이 프로그램의 첫 번째 단계는 노숙과 중독상황에 처한 남녀가 참여하는 고도로 구조화된 28일간의 주거 치료 프로그램이다. 교육을 받고

중독성 행동을 직시한다.

12단계 알코올 중독자·약물 중독자 모임Narcotics Anonymous의 원칙 및 관행에 대해 배운다. 영양, 운동, 수면의 균형을 통해 신체 건강을 회복한다. 개인 및 그룹 상담 및 책임제로 혜택을 받는다.

– 과도기 치료 프로그램

치료 및 회복 연속체의 두 번째 단계는 과도기 치료 프로그램이다. 이 프로그램은 거주자들이 28일간의 치료 프로그램을 통해 배운 원칙을 강화할 수 있도록 하는 6개월짜리 프로그램이다. 이 프로그램은 디시행동보건부의 인증을 받았다. 6개월 동안 거주자는 다음을 수행한다.

· 중독 상담사와 매주 회의에 참석하여 회복에 대한 이해도를 높인다.
· 지역사회의 12단계 회의와 후원자를 통해 광범위한 회복지원 네

돌봄이 필요한 노숙자의 모습. 워싱턴 디시 지역에는 8천 명에서 1만 명 정도의 노숙자들이 있고 알콜중독이나 마약 중독 등 다양한 질병의 위험에 노출되어 있다.

트워크를 개발한다.

· 중독에서 바깥 세계로의 전환 과정을 지원할 관리자를 할당받는다.

· 금전 관리 기술을 배운다.

· 고졸 학력인증, 개인지도, 직무 교육 및 정신적 성장 기회에 대한 접근성을 확보한다.

· 동료 커뮤니티 지원 및 책임제의 혜택을 받는다.

· 남성 과도기 치료 프로그램에 대한 자세한 내용은 202-238-9055로 문의.

· 여성 과도기 치료 프로그램에 대한 자세한 내용은 202-621-7447로 문의.

– 장기 회복 프로그램

장기 회복 프로그램은 치료 및 회복 연속체의 마지막 단계이다. 이 프로그램은 거주자들이 익힌 수단을 적용하여 건강하고 알코올과 마약이 없는 삶을 살 수 있도록 지원하기 위해 고안되었다.

이전의 노숙자 및 중독된 남녀들은, 마약·알코올이 없는 환경에서 개인적 시간을 갖고, 거주 및 식사 공간을 공유한다. 지속적인 중독 상담 및 사회 복지 서비스에 참여한다. 그리고 스위트 담당자를 통해 리더십 역량을 개발하며, 지원 및 책임 커뮤니티를 만드는 데 기여한다.

회복의 라이프 스타일을 유지하기 위해서는 지속적인 훈련과 헌신이 필요하다. 이 프로그램은 거주자들이 그들이 제공받고 있는 저렴한 주택에서 독립생활로 전환할 수 있도록 준비한다. 수료 후 1년 후에 인터뷰를 한 졸업생들은 다음과 같은 결과를 보여주었다.

96% 연속 비음주 상태 유지

98% 완전 고용

98% 향상된 가족 관계 형성

99% 안전한 주택에 거주

15% 주택 또는 콘도 구입

– 아동을 동반한 여성 치료 프로그램

'아동을 동반한 여성치료 프로그램'은 약물남용에서 회복하는 산모가 치료와 가족서비스를 받을 수 있는 안전한 가정을 만드는 동시에 장기적인 자립을 위한 기반을 마련한다.

관계자가 사마리아인 여인숙 사역 프로그램을 설명하고 있다.

자녀가 있는 중독된 엄마들은 워싱턴 디시에서 복지혜택이 가장 부족하다. 디시의 많은 노숙자 가족 중 절반은 중독된 엄마들이 가족을 책임지고 있으며, 약물 남용으로 인해 노숙자가 될 위험에 처한 사람들은 훨씬 더 많다.

입증된 치료 및 회복 연속체의 요소들과 다른 지역사회에서 이미 확립된 모범 사례를 바탕으로, 이 프로그램은 산모들에게 중독 치료, 회복의 근본적인 단계를 안내하는 3단계 연속 진료로 구성되어 있고, 동시에 각 프로그램 단계에서 개별화된 평가와 서비스를 제공한다.

에이 제임스 클라크 여인숙The A. James Clark Inn

이전에 여성 회복을 위한 과도기 주택으로 사용되었던 4층 주택과 헛간을 개조한 이 시설은 이 프로그램의 목적에 적합하다. 이 시설은 가족형 거처, 보육, 개인·단체 상담 공간, 행정실 등으로 용도 변경되었다. 최대 12명의 여성과 16명의 어린이를 위한 주택을 제공한다.

이 프로그램은 6개월 이상 비음주 상태를 유지하고 가족 단위를 강화하는 목표를 강조하면서 중독 여성과 자녀의 필요성에 초점을 맞춘 뒤,

남성을 위한 여인숙

여성을 위한 여인숙

외래환자 서비스와 연계해 과도기적 생활이나 저렴한 주거로 연결한다. 모든 핵심 서비스는 현장에서 제공되며, 각각의 가족들의 요구에 맞게 조정된다.

10) 시타아트센터: 빈민가 청소년들을 위한 예능교육 센터

시타아트센터Sitar Arts Center의 사명은 기회가 불평등한 세상에서 태어난 빈민지역의 어린이와 청소년의 삶을 변화시키는 가능성을 제공하는 것이다. 센터는 최고 품질의 시각, 공연 및 디지털 예술에 어린이와 청소년을 참여시킨다. 이를 통해 학생들은 자신에 대해 배우고 중요한 삶의 기술을 습득할 수 있다. 시타아트센터는 학생과 그 가족을 위한 커뮤니티를 만든다. 그리고 센터는 지치지 않고 이 사명을 계속할 수 있도록 노력하고 있다.

시타아트센터 로고

비전

시타아트센터의 비전은 문화적, 경제적, 인종적 스펙트럼을 초월하여 가족들이 살고 번성할 수 있는 도시를 만들기 위해서는 모두를 위한 고품질 예술 교육과 변혁적인 예술 경험이 필수적이라고 믿는다.

가치관

시타아트센터는 다음과 같은 가치관에 입각하여 행동한다.

- 학생 중심: 어린이, 청소년 및 그 가족을 의사 결정 및 행동의 중심에 둔다. 창의적인 청소년 발달에 대한 총체적인 접근방식을 위해 노력하고 모든 어린이의 잠재력을 믿는다.
- 우수성: 센터는 업무와 예술 교육 기회 제공에서 탁월함과 영향력을 위해 노력한다. 개별적으로, 또는 집단적으로 가능한 최고의 작업을 지원하는 팀 환경을 만들고, 학생들에게 높은 기대치를 안고 그들의 잠재력을 성취할 수 있도록 끈질기게 지원한다.
- 커뮤니티 및 소속감: 센터는 모든 구성원이 깊은 소속감을 갖고 시타 사명의 본질을 공유하는 문화적으로 유능한 커뮤니티를 의도적으로 만든다. 우리는 모든 회원의 기여에 의존하고 감사하며 우리의 연합이 우리의 부분보다 크다고 믿는다.
- 파트너십: 시타아트센터는 교수진, 예술, 자선단체 및 지역사회 파트너와의 관계를 매우 중요하게 생각하고 이러한 파트너십을 시타의 사명 및 프로그램의 뿌리로 인식한다.
- 시타 스피릿Sitar Spirit: 시타의 본질은 의도적인 감사, 성찰 및 축하를 통해 유지된다. 센터는 커뮤니티를 돌볼 뿐 아니라 서로를 돌본다. 시타는 학습 조직이며 본질의 신실성을 유지하면서 학생과 가족의 필요에 따라 발전할 준비가 되어 있다.
- 간단한 역사: 1996년에 론다 버클리Rhonda Buckley는 세이비어교회의 아동, 청소년 사역인 '선한 목자 사역' Good Shepherd Ministries에서 저소득 가정의 도심 어린이들을 위한 소규모 방과 후 음악 교육 프로그램을 지휘하고 있었다. 음악이 학생들에게 큰 기쁨을 가져다 준 것을 보고 론다는 음악 연구에 필요한 구조와 규율이 삶의 다른

시타 사역에 대해 소개하는 사역자와 유성준 대표

영역에 긍정적인 영향을 미치고 있다는 것을 깨달았다. 아이들은 출석률이 좋아지고, 학교 성적이 향상되었고 점점 자신감이 생겼다. 아이들은 더 많은 것을 요구했다. 그들은 춤과 연기, 그리고 창의적으로 그림을 그리고 글을 쓰는 방법을 배우길 원했다.

론다가 이 소규모 음악 프로그램을 운영하는 동안 그녀는 아담스 모르간 커뮤니티에서 재능 있는 예술가이자 지역사회 활동가 및 평생 어린이 옹호자인 패트리샤 시타Patricia Sitar를 만났다. 두 사람 모두 예술이 그들의 삶을 변화시켰고 이웃 어린아이들이 자신의 예술적 재능을 탐구하고 개발할 동일한 기회를 필요로 하고 원하며 자격이 있다는 것을 알고 있었다. 학생들을 위한 예술 교육 현황을 조사한 후, 론다는 저소득 가정이 저렴하고 접근할 수 있는 것이 거의 없다는 것을 깨달았다.

빈민지역의 청소년들을 위한 세이비어교회의 방과후학교 사역인 선한 목자 사역이 시타아트센터로 발전하였다.

론다의 비전은 아담스 모르간 커뮤니티, 특히 서비스가 부족한 주민들에게 다양한 예술 교육을 위해 특별히 설계된 아름다운 시설에서 저렴하고 고품질의 예술 교육을 제공하는 것이었다. 어린이와 지역사회 청소년을 중심에 둔 이 비전은 곧 현실이 되었다. 시타아트센터는 1998년에 론다에 의해 설립되었으며, 원래 패트리샤 시타의 이름을 따서 '패트리샤 시타아트센터' The Patricia M. Sitar Center for the Arts로 명명되었다. 론다는 이 비전이 웅대하고 혼자서는 성취할 수 없다는 것을 알고 있었다. 그녀는 세이비어교회의 고든 코스비와 빗시 포글러Bitsey Folger를 포함한 동역자들의 지원을 받았고, 그 과정에서 시타아트센터의 첫 번째 "예술 파트너"인 워싱턴 발레단The Washington Ballet의 셉타임 웨브레Septime Webre를 비롯한 새로운 친구들을 만났다.

시타아트센터는 2000년에 공식적으로 문을 열었으며 보조금을 받는 아파트 건물의 2,600평방피트(약 73평) 지하실에서 50명의 어린이에게 프로그램을 제공했다. 교과 과정은 음악에서 무용, 시각 예술, 드라마 및 창작 글쓰기를 포함하도록 빠르게 확장되었으며, 모든 프로그램을 자원봉사 예술가와 협력 예술 단체가 가르쳤다. 곧, 시타는 훨씬 더 많은 공간이 필요하게 되었다.

2003년 시타아트센터는 330만 달러의 성공적인 종합 캠페인을 시작하여 예술 분야에서 최적의 교육을 제공하도록 설계된 훨씬 더 큰 규모의 주택을 조달, 개조 및 운영할 수 있게 되었다. 2004년 가을, 센터는 최적의 예술 교육을 제공하도록 설계된 10,700평방피트(약 300평) 규모의 최신 시설로 이전했다. 학생 수가 급격히 증가하여 2005년까지 시타아트센터는 매 학기 300명 이상의 학생들에게 서비스를 제공했다.

2000년과 마찬가지로 오늘날 시타아트센터는 모든 어린이가 수준 높은 예술 교육을 받을 자격이 있고, 매 학기 학생의 80%가 저소득 가정 출신이어야 한다는 비전에 확고하게 뿌리를 두고 있으며 현재 매년 700명 이상의 학생들에게 서비스를 제공하고 있다.

방과후학교 아트 프로그램들

방과후학교 아트 프로그램은 학기 동안 유치원부터 성인까지 오후 수업을 제공한다. 수업은 무용, 드라마, 디지털 아트, 음악, 시각 예술 및 창의적 글쓰기에 이르기까지 다양하다.

시타아트센터에서는 일반적으로 디시 거주자에게만 서비스를 제공하지만 올해는 온라인 프로그래밍을 위해 디시 이외 거주자에게도 제한된 수의 공간을 제공할 예정이다. 학비는 가구 소득에 따라 차등적으로 책정된다.

– 창의적 글쓰기

시타아트센터의 학생들은 창의적 재능을 탐구하고 종이 위에서 그것을 발전시킨다. 시와 창작과 같은 수업을 통해 많은 학생들은 자신의 삶의 경험을 탐구하고 상상 속에 있는 이야기를 만든다.

– 춤

시타아트센터의 댄스 프로그램은 발레에서 힙합에 이르기까지 다양한 수업을 제공한다. 학생들은 또한 벨리댄스, 인디언댄스, 아프리카댄스와 같은 다양한 문화의 춤을 탐구할 수 있다.

– 드라마

시타아트센터의 연극 수업은 역할극, 전략적 사고, 팀워크를 통해 자기표현의 출구를 제공한다. 학생들은 무대에서의 작업을 통해 자신감과 침착함을 얻고 암기, 집중, 즉흥 연기, 대중 연설 및 문학 분석 기술의 능력을 향상시킨다.

시타아트센터의 목표는 주요 예술 형식에 기술적 구성 요소를 제공하는 것이다. 학생들은 최첨단 컴퓨터실을 이용할 수 있으며, 이곳에서 음악 제작, 그래픽 디자인, 게임 디자인, 디지털 사진 및 비디오에 대한 수업과 개별 학습을 탐구한다.

– 음악

시타아트센터의 기악 및 성악 수업은 개인 및 앙상블 공연을 위한 시공간을 제공한다. 학생들은 다른 사람들과 함께 연주하고 노래하는 동안 협동하는 법을 배우고 개별 악기를 마스터하면서 음악 이론을 배우고 비판적 사고 기술을 개발한다.

시타아트센터의 음악학교Instrumental Music Academy는 피아노, 바이올린, 기타, 비올라, 플루트, 클라리넷, 드럼, 트럼펫, 트롬본, 색소폰, 첼로 등 다양한 악기로 한 학기에 80회 개인 레슨을 제공한다. 기악 아카데미 학생들도 음악 이론 수업에 등록하고 주 3회 연습해야 한다. 개별 수업은 상황에 따라 여름 학기 동안 계속될 수 있다.

– 시각 예술

시각 예술 수업은 학생들에게 회화, 조각, 드로잉 및 패션 디자인을 포함한 다양한 매체를 통해 자신의 감정을 표현하는 방법을 배우면

시타예능센터에서 그림을 그리고 있는 학생들

서 기술을 습득할 수 있는 기회를 제공한다. 학생들은 주변 환경을 다르게 보는 법을 배우고 기술과 영감을 위해 위대한 예술가의 작품에 노출된다.

시타의 여름 프로그램들: 시타캠프

– 어린이 공작 교실: 현재 유치원부터 3학년

어린이 공작 교실Kid Crafters은 오전 9시부터 오후 4시까지 온종일 및 반나절 옵션을 제공한다. 학생들은 등록된 각 세션에 대해 하나의 예술 초점을 선택한다. 여러 세션에 등록하는 경우 학생들은 다양한 경험에 참여할 수 있다. 야외 놀이(날씨가 허용하는 경우), 또는 특별 활동에 참여한다.

온라인 캠프의 경우 오전과 오후 프로그램에서 학생들은 수업 시간에 포함된 활동 사이에 예정된 휴식 시간을 갖게 된다. 다양한 프로그램이 제공되며, 각 세션을 마칠 때는 배운 것들을 공연하는 기회를 가진다.

시타아트센터에서 학생들이 예능 활동을 하고 있다.

– 벽화예술 프로그램

시타의 벽화 프로그램은 14~24세의 신흥 예술 인재를 위한 여름 인턴십으로, 워싱턴 디시의 고용 서비스 부서의 '매리온 베리 청년 고용 프로그램' Marion Barry Summer Youth의 일환으로 시타아트센터에 고용되어 시각예술에 중점을 두고 진행된다. 창조 경제에 대한 이 역동적인 소개에서 벽화 인턴은 공동으로 공공 예술 작품을 만든다. 12개 이상의 커뮤니티 주도 시타 벽화는 여러 곳에서 볼 수 있다.

– 루츠 프로그램

루츠Roots는 중학생을 위한 프로그램이며, 학생들은 루츠에 참여하여 자신이 누구인지, 어떤 종류의 예술가와 리더가 되고 싶은지 탐색할 수 있는 기회를 갖는다. 루츠는 다양한 예술 형식과 커뮤니티 프로젝트를 통해 정체성과 리더십의 모든 다른 측면을 탐구할 것이다. 루츠는 1주일에 한 번 목요일에 만난다. 루츠 회원은 매주 선택적인 학업 강화(과외) 및

시타 여름방학 프로그램 참가자들

아이들의 작품

숙제 클럽에 참여할 기회도 갖게 된다.

– 숙제 클럽

숙제 클럽Homework Club은 선택 사항이며 학생들에게 매일 자원봉사 숙제 도우미와 함께 공부할 수 있는 기회를 제공한다. 학생들은 소그룹 또는 1대 1로 함께 모임을 가지며 가족들은 숙제 도움을 받기 위해 원하는 날짜에 등록할 수 있다.

– 학업 강화

학업 강화Academic Enrichment 프로그램은 매 학기 4주 단위로 제공된다. 학생들은 화요일과 목요일에 소규모 그룹으로 모임을 갖거나 1대 1로 모임에 참여한다.

– 십대 인턴십 및 지역사회 봄·여름 인턴십

매년 여름, 시타아트센터는 워싱턴 디시의 고용 서비스부서, 매리온 베리 청년 고용 프로그램을 통해 급여를 받는 14~24세의 제한된 수의 학생을 고용한다. 선택된 학생들은 여름에 견습할 작업 영역을 선택한다. 학생들은 시각 예술, 여름 캠프·사무실 또는 뮤지컬 극장 제작 등 관심 있는 분야에 지원할 수 있다.

– 지역사회 봉사

지역사회 봉사시간을 원하는 고등학생은 시타아트센터 등록기간 동안 학생으로 등록해야 하며 "지역사회 봉사 학점이 아닌 개인 강화를 위해" 적어도 하나의 아트 수업에 등록해야 한다.

등록 예약기간 동안 학생들은 프로그램 디렉터와 함께 참여 가능한 직업 목록에서 자신의 기술과 관심, 센터의 요구 사항에 가장 잘 맞는 지역사회 봉사 직업을 선택한다.

학생들은 해당 학기(가을의 경우 14주, 봄의 경우 15주) 동안 약정을 해야 하며, 지역사회 봉사 학점을 받기 위해서는 매주 청소년 예술 수업과 사회봉사 활동에 모두 참석해야 한다. 학생들은 주당 1~2시간(가을 또는 봄 학기의 경우 총 15~30시간)을 취득할 수 있으며 이 시간을 스스로 잘 관리할 책임이 있다.

– 유아 아트

유아기 아트 프로그램이 현재 온라인으로 제공되고 있다. 0세에서 7세 사이의 영유아 및 초등학생을 대상으로 부모 또는 보호자와 함께 하는 미술 수업이다. 수업은 어린이의 발달을 촉진하고 예술에 대한 조기 감성을 촉진하며 어린이와 부모 사이의 유대감은 물론 다른 부모, 양육자 및 어린이와의 상호 작용을 위한 기회를 제공한다. 수업은 음악, 무용, 장식 운동, 시각 예술 및 드라마에 있으며 일부 수업은 이중 언어로 진행된다.

– 갤러리 전시회 및 공연

시타아트센터의 '모리스 앤 그웬돌린 카프리츠 재단 전시관' The Morris & Gwendolyn Cafritz Foundation Gallery에서는 전문가 및 학생 작품을 전시하고 있다. 아티스트는 제출 프로세스를 통해 선정된다. 매 학기마다 전

시타아트센터 작품 전시

문 공연 예술가와 그룹이 시타아트센터의 '도널드 앤 낸시 L. 드라스키' Donald&Nancy L. deLaski 극장을 방문하여 시타의 학생, 가족 및 지역사회를 위해 공연한다. 내셔널 심포니 오케스트라, 디시 재즈 페스티벌, 워싱턴 공연 예술과 같은 많은 파트너 조직이 후원하는 이러한 공연은 이곳 센터에서 전문적인 수준의 공연을 경험할 기회를 제공한다.

시타아트센터의 학생들은 또한 매 학기 학생 쇼케이스 주간에 서로와 지역사회를 위해 자신의 재능을 뽐낼 기회를 갖는다. 모든 공연은 무료이며 대중에게 공개된다.

11) 회복카페: 워싱턴 디시의 남동부 게토 지역 사역

회복카페Recovery Cafe는 워싱턴 디시의 가장 범죄율이 높은 남동부지역에 설립되었다. 남동지역 교회들이 주체가 되어 아담스 모르간 지역의 토기장이집과 같은 형태의 사역을 위하여 세이비어교회의 생명의빵Bread of Life 공동체를 중심으로 함께 사역하고 있다.

회복카페 로고

▮ 도전

미국 물질남용 및 정신보건 서비스국SAMHSA 보고서에 따르면 워싱턴 디시 남동부 게토 지역인 8구역에서 2014년에 이 지역 인구의 11.46%가 알코올 및 불법 약물 사용에 대한 치료가 필요하지만, 치료를 받지 않았으며 19.25%가 정신건강 문제를 겪고 있다고 추정한다. 제8구역은 워싱턴 디시 감독하에 있는 전과자와 피고인이 가장 많이 거주하는 곳이다.

2017 디시 여성의 필요 평가 보고서에서 디시의 노숙자에 대한 위원회 조사에 의하면 디시의 여성 노숙자의 76%가 폭력을 경험했다. 31%는 현재 또는 과거의 약물 남용을 보고했으며 (43%는 치료를 받지 않고 있음) 약물 남용을 보고한 사람의 83%는 부모, 보호자 또는 친밀한 파트너에 의한 신체적·성적·정서적 학대의 생존자이다. 여성 노숙자의 76%는 적어도 하나의 정신건강

회복카페 정문

지표를 스스로 보고했고, 정신건강 진단을 받은 여성 노숙자의 86%는 부모, 보호자 및 친밀한 파트너에 의한 학대를 보고하고 있다.

회복카페는 삶을 재건하기로 결심한 남녀에게 중요한 지원을 제공하고 있다. 회복카페는 모든 단계에서 그들과 함께하고 있다.

사역

회복카페는 과거의 트라우마, 중독성 행동, 또는 실수에 관계없이 모든 사람이 "일어나서 다시 시도"할 기회를 가질 자격이 있다고 믿는다.

회복카페에서 제공하는 프로그램은 사람들이 회복되고 삶의 질을 높일 수 있도록 고안되었다.

회복서클, 회복학교, 영적 개발 및 고용 지원

회복카페는 사람들이 정신건강을 관리하고 금주를 유지하며 커뮤니티를 구축할 수 있는 방법을 훈련받는 전문가들을 통해 가르치고 모범

회복카페에서 모임 중인 회원들

회복카페에서 회원들이 친교를 나누고 있다.

을 보인다.

– 회복 받기

회복카페는 사랑의 지원 커뮤니티이다. 모든 사람은 과거의 실수에 관계없이 "일어나서 다시 시도할 수 있는 기회"를 가질 자격이 있다. 회복카페는 당신이 당신의 실수를 지나칠 때 당신과 함께 걸을 것을 약속한다. 회복카페는 중독, 기타 정신건강 문제, 노숙자 및 수감생활로 인해 트라우마를 입은 모든 사람을 위한 치유, 변화, 회복 커뮤니티이다.

회복카페는 화요일부터 목요일까지 오전 10시부터 오후 2시까지 사역한다. 장기적인 회복과정에 있는 사람들에게 매우 중요한 것은 사랑의 지원 커뮤니티가 되는 것이다. 가장 첫걸음은 회복카페 커뮤니티의 일원이 되는 것이다. 회원이 되어 함께 활동하며 또는 이벤트를 함께 찾고 참여하며 유용한 회복자원으로서의 역할을 담당할 수 있다.

회복카페의 회원이 되려면:

· 지난 24시간 동안 약물과 술 끊기

· 주간 회복 서클 참여

· 카페에서 사회봉사 참여

· 회복카페 커뮤니티의 기본 원칙을 실천하기

회복카페의 기본 원칙은 다음과 같다.

1. 기도하는 마음으로 생활하라

2. 존중을 보이라

3. 긍휼을 실천하라

4. 주고 용서하라

5. 성장을 격려하라

회복을 위한 자원들

– 헬프라인 액세스

워싱턴 디시의 행동 건강 부서에는 사람들의 정신건강을 담당하는 임상전문가와 연결해 주고 자살 예방 핫라인을 운영하는 연중무휴 핫라인이 있다. 임상의는 전화를 건 사람에게 즉각적인 도움(위기대응팀 활성화), 또는 지속적인 치료를 의뢰한다. 1(888)7WE-HELP 또는 1-888-793-4357

전미자살방지상담전화National Suicide Prevention Lifeline: Lifeline는 고통에 직면한 사람들을 위해 시간과 날짜에 관계없이 무료로 비밀이 보장되는 지원과 자원을 제공한다. 전문가와의 상담은 1-800-273-8255이다.

– 디시 세이프

디시의 가정 폭력을 위한 24.7위기개입기관은 이메일에서 "가정 폭력 비율은 외부 압력이 증가함에 따라 위기의 그늘에서 증가하는 경향이 있다"고 말한다. 이 기관은 피해자와 생존자에게 지원을 제공하고 학대 상황의 증가에 대비하고 있다. 디시 세이프DC SAFE의 상담사들은 원격으로 일하며 연중무휴 24시간 이용이 가능하다.

즉각적인 도움이 필요한 경우 디시의 피해자 지원 전화 1-844-4

HELPDC, 911 또는 311을 이용할 수 있다. 미국 중독센터들에서는 알코올, 또는 약물 남용 장애로 고통받는 사람들을 위해 매주 무료 가상 12단계 지원 모임을 제공한다. 회복 중인 사람이 주최하며 그룹의 선호도에 따라 주제와 모임 구조가 다르다. 조직에는 참가자가 회복 중인 다른 사람들과 연결할 수 있는 비공개 페이스북 그룹을 포함하여 온라인 가이드 및 자료들도 있다.

– 워싱턴 행동의학 연합

워싱턴 행동의학 연합Washington Behavioral Medicine Associates은 디시에 기반을 둔 정신건강 전문가팀은 매일 채팅 및 가상 지원 회의를 포함하여 모든 연령대의 사람들에게 무료 및 할인된 서비스를 제공한다. 자세한 내용은 301-576-6044로 전화하거나 이메일 hello@wbma.cc로 문의할 수 있다.

– 헤드스트롱

헤드스트롱Headstrong은 비영리단체로서 무료 정신건강 치료를 통해 9.11 테러 이후 참전 용사를 지원한다. 또한 굿떼라피Good Therapy와 같은 온라인 데이터베이스를 사용하면 위치, 전문분야, 가격 등을 기준으로 긴급한 상황에 치료사를 검색할 수 있다. 헤드스페이스Headspace 및 베터헬프BetterHelp와 같은 앱 및 사이트는 문자, 전화, 또는 화상 채팅(회비)을 통해 정신건강 전문가와 연결하여 온라인 상담 서비스를 제공한다.

– 명상과 요가

디시이스트DCist는 사회적 거리두기를 실천하면서 집에 머물 수 있는 무료 방법 목록을 작성했으며 그 목록에는 비대면 요가 수업이 포함되어 있다. 다양한 요가 수업과 프로그램이 줌이나 페이스북 라이브로 제공된다.

제3부

코로나19 이후 교회공동체의 희망과 대안

당신과 나의 마음을 처음으로 부드럽게 만들었던 것은 사랑이었습니다. 사랑은 우리를 갈등에서 빠져나오도록 이끌어 갑니다. 오직 사랑만이 우리 모두에게 방어하는 마음을 내려놓고, 사랑을 기초로 세워진 거룩한 도시, 새 하늘과 새 땅을 향한 우주적인 움직임을 향해 우리의 마음이 열리도록 하는 힘을 갖고 있습니다.

– 고든 코스비

1.
공동체를 움직이는 힘 - 서번트 리더십

1) 서번트 리더십이란?

우리가 추구하는 참된 교회를 이끌어 주는 구심력은 무엇일까? 그것은 바로 서번트 리더십Servant Leadership이다. 참된 교회의 핵심적 목회 철학이라고 할 수 있다. 서번트 리더십이란 예수께서 자신의 삶을 통해 보여주신 사랑을 실천하는 리더십이다. 진정한 지도자는 조직과 공동체를 사랑으로 하나 되게 하고 봉사와 헌신이라는 실천 양식으로 당면한 문제들을 해결한다. 서번트 리더십은 문제의 원인을 외부가 아닌 자기 자신에게서 찾고, 다른 사람들 위에 군림하는 것이 아니라 봉사와 헌신으로 섬기는 리더라는 점에서 기존의 다른 리더십과는 뚜렷한 차이를 보인다. 이 시대 많은 리더들이 지도자가 되는 것을 지위나 타이틀로 착각하는 경우가 많은데, 존 맥스웰John Maxwell은 리더십이란 영향력이라고 강조하였다.

서번트 리더십은 유성준, 『예수처럼 섬겨라』(서울: 평단출판사, 2009)의 핵심 내용을 재구성하여 소개하였다.

그런 면에서 기존의 수직적인 권위를 인정하지 않는 포스트모던 시대에 적합한 리더십이 바로 서번트 리더십이다.

로버트 그린리프 (1904~1990)

서번트 리더십을 처음으로 주창한 사람은 로버트 그린리프Robert K. Greenleaf로 그는 1904년 미국의 인디애나 주의 테르 오트에서 태어났다. 대학 졸업 후 통신업체인 AT&T에 입사해 38년간 근무하다 1964년 경영연구 담당 부회장직을 끝으로 퇴직하였다. 그 38년 동안 '고객에 대한 서비스야말로 기업이 존재하는 이유'라는 생각을 가다듬으며, 서번트 리더십의 이론을 발전시켰다. 은퇴와 동시에 응용윤리센터(나중에 로버트 그린리프 센터로 바뀜)를 설립하고, 12년간 MIT, 하버드 비즈니스 스쿨, 다트머스 대학 등에서 강의하는 한편, 록펠러 재단, AT&T, 걸프 오일, 포드 재단, 심지어 인도 정부에까지 경영자문을 해 주며 세계적 컨설턴트로서 역량을 발휘하였다.

그린리프에 따르면, 서번트 리더십은 "타인을 위한 봉사에 초점을 두며 종업원, 고객 및 커뮤니티를 우선으로 여기고 그들의 욕구를 만족시키기 위해 헌신하는 리더십"이다. 1970년대 들어서면서 기업에서는 상사가 부하들에게 명령하고 지시하는 전통적 리더십이 한계에 부딪히게 되었다. 기존의 권위를 인정하지 않는 포스트모던 시대를 맞게 된 것이다. 이러한 시대에 맞는 리더십으로 강조되는 것이 바로 서번트 리더십이다. 명령과 획일적인 지휘 체계보다는 사랑과 헌신으로 모든 조직이 하나로 뭉칠 때 조직의 경쟁력이 배가된다는 것이다. 그린리프의 주장은 피터 드러커, 스티븐 코비 등의 리더십 이론에 크게 영향을 미쳤다. 최근에 와서 많은 국내외 기업들이 서번트 리더십을 경영철학으로 차용하면서 서번트 리더십은 시대적 요청으로 더욱 관심을 모으고 있다.

그린리프는 헤르만 헤세H. Hesse가 쓴 『동방순례』*Journey to the East*에 나오는 하인 레오Leo의 이야기를 통해 서번트 리더십의 개념을 설명하였다.[1] 이 이야기는 동방으로 여행을 떠나는 순례단에 관한 것으로, 레오는 순례자들을 돕는 허드렛일을 하는 하인이었다. 그는 순례자들 사이를 돌아다니며 무엇이 필요한지를 살피고 순례자들이 정신적이나 육체적으로 피로하지 않도록 돌보았다. 가끔 그는 피로에 지친 순례자들을 위해서 밤이 되면 악기도 연주하곤 하였다.

그러던 어느 날 갑자기 레오가 사라졌다. 그러자 공동체 안에 크고 작은 문제들이 생기기 시작했고 피곤에 지친 순례자들 사이에선 사소한 문제로 다툼까지 벌어졌다. 그제서야 사람들은 레오의 소중함을 깨닫고 그가 순례단을 이끌어 가는 보이지 않는 리더였음을 알게 되었다. 그들은 충직한 서번트였던 레오 없이는 여행을 계속할 수 없었다. 일행 중 한 사람은 몇 년을 수소문해서 레오를 만났는데 그저 심부름꾼으로만 알았던 레오가 사실은 그 순례단을 주관하는 교단의 책임자인 동시에 훌륭한 리더였음을 알게 되었다. 레오는 서번트 리더의 전형이라고 할 수 있다.

서번트 리더십은 레오와 같이 다른 구성원들이 공동의 목표를 이루어 나가도록 정신적, 육체적으로 지치지 않게 환경을 조성해 주고 도와주는 리더십이다. 인간 존중을 바탕으로 다른 구성원들이 잠재력을 발휘할 수 있도록 도와주고 이끌어 주는 것이 서번트 리더십의 요체이다.

---

1 헤르만 헤세, 『동방순례』 서울: 이숲, 2013.

2) 서번트 리더십의 참 모델, 예수 그리스도

기독교인으로서 본받아야 할 서번트 리더십의 원조는 예수 그리스도이다. 하나님이면서 동시에 하나님의 아들인 예수는 "근본 하나님의 본체시나 하나님과 동등됨을 취할 것으로 여기지 아니하시고 오히려 자기를 비워 종의 형체를 가지사 사람들과 같이 되셨고 사람의 모양으로 나타나사 자기를 낮추시고 죽기까지 복종하셨다"(빌 2:5~11). 성경에도 예수께서 오신 목적이 섬김을 받으려 함이 아니라 도리어 섬기기 위함이라고 명시하고 있다. "인자가 온 것은 섬김을 받으려 함이 아니라 도리어 섬기려 하고 자기 목숨을 많은 사람의 대속물로 주려 함이니라"(마 20:28). 그분은 이 땅에 섬김을 받으려고 오신 것이 아니라 섬기러 오셨다.

요한복음 13장에는 예수가 제자들의 발을 손수 씻겨 주시면서 "너희도 이와 같이 하도록 본을 보여 주셨다"고 말하였다. 또한 예수는 우리가 말하는 서번트 리더십의 요체를 성경에서 가르쳐 주고 있다. "예수께서 앉으사 열두 제자를 불러서 이르시되 누구든지 첫째가 되고자 하면 뭇 사람의 끝이 되며 뭇 사람을 섬기는 자가 되어야 하리라 하시고"(막 9:35). 우리가 예수의 제자라면 마땅히 그분의 섬김의 도를 배우고 실천해야 한다. 그런데 오늘날 교회 지도자들은 예수가 보여주신, 또 그분이 원하시는 섬김의 모습보다는 오히려 권위로 똘똘 뭉쳐진 모습을 보여주고 있다. 어떤 의미에서 가장 먼저 서번트 리더십을 받아들이고 실천해야 할 곳은 기업이 아니라 교회이다. 교회에서 리더라고 부름받는 모든 사람에게 주님이 요구하시는 리더십이 바로 다른 사람의 발을 씻겨 주는 섬김의 도이다.

교회의 머리이신 그리스도께서는 섬김을 받으러 오신 것이 아니라 섬기려 하고, 오히려 대속물이 되기 위해 오셨다. 그리고 이러한 크신 사랑을 십자가의 죽음을 통해 완성하셨다. 따라서 기독교인의 리더십은 철저한 자기 부정으로 다른 사람을 섬기는 삶으로 실현되어야 한다. 그분은 겸손으로 세상을 섬기기 위해 오셨다. 그리고 십자가의 고난을 당함으로써 자신의 리더십을 증명하셨다. 기독교인의 삶은 이런 예수를 복제하는 삶이 되어야 한다. 이런 의미에서 '서번트 리더십'은 성경적인 리더십의 완성이라고 할 수 있다.

3) 서번트 리더의 기본적인 특징

(1) 서번트 리더는 자신을 서번트servant, 또는 지원자supporter로 인식한다.

서번트 리더는 자신을, 다른 사람을 이끄는 사람이 아니라 다른 사람들이 업무를 잘 추진할 수 있도록 지원하는 사람으로 여긴다. 여기에서 리더는 다른 구성원들이 성공할 수 있도록 도와야 한다는 인식이 바탕에 깔려 있다. 따라서 서번트 리더는 목표와 과제를 주는 데 그치지 않고 구성원들이 과제를 수행하는 가운데 성장할 수 있도록 자신이 할 수 있는 모든 조치를 취한다. 서번트 리더는 지위가 높다고 해서 구성원들에게 지시를 내리고 결과를 평가하는 것이 아니라, 다른 사람들에게 목표를 제시한 다음 그들이 그 목표를 성취할 수 있도록 함께 노력하고 지원한다. 그는 자신의 어떤 점이 공동체 구성원들에게 도움이 될 수 있는지를 먼저 고민한다.

(2) 서번트 리더는 조직에서 가장 가치 있는 자원은 사람이라고 인식한다.

전통적인 리더의 경우, 공동체의 구성원들은 관리의 대상이다. 그러나 서번트 리더는 사람의 가치를 가장 우선시하기 때문에 다른 구성원들이 성공할 수 있도록 모든 노력을 기울인다. 따라서 업무와 관련하여 구성원들의 욕구를 먼저 해결하기 위해 노력하며 봉사한다.

(3) 서번트 리더는 늘 학습하는 태도를 보인다.

서번트 리더는 조직에서 직위나 직급에 관계없이 누구나 실수할 수 있다는 점을 잘 알고 있으나, 이러한 실수를 배움의 기회로 활용할 수 있어야 한다고 생각한다. 서번트 리더는 자신의 실수를 인정하며 그 경험을 통해 스스로 학습하는 모습을 보인다. 또한 지식과 정보가 빠른 속도로 변화하는 시대에 서번트 리더는 서로에게서 무엇을 배울 수 있는지 주의 깊게 관찰한다. 서번트 리더는 주변의 모든 사람이 자신의 스승이 될 수 있다고 생각한다.

(4) 서번트 리더는 먼저 경청한다.

서번트 리더의 특징 중에서 가장 핵심은 경청이다. 경청은 단순히 다른 사람의 이야기를 듣는 것과는 매우 의미가 다르다. 서번트 리더는 다른 사람의 이야기를 들을 때 그냥 듣는 것이 아니라, 상대방이 무엇을 말하려는지 그 사람의 입장에 서서 이해하려고 노력한다. 상대방이 왜 그런 생각을 할까 그 사람의 욕구가 무엇인지를 파악하여 그 욕구를 해결해 주려고 노력한다. 따라서 서번트 리더는 상대방의 입장에서 들으려 노력하기 때문에 안 되는 이유보다 될 수 있는 방법을 더 많이 고민한다.

(5) 서번트 리더는 설득과 대화로 업무를 추진한다.

설득과 대화는 권위주의적인 리더십과 서번트 리더십의 차이를 명확하게 보여주는 요소이다.

(6) 서번트 리더는 커뮤니티를 형성하도록 돕는다.

커뮤니티란 개인의 목적과 공동의 목적을 달성하기 위하여 구성원들이 상호 작용하며 공통의 관심을 가진 집단을 의미한다. 따라서 서번트 리더는 조직 구성원들이 서로의 관심사항을 공유하며 공동의 목표를 공유하도록 격려한다. 일반적으로 조직의 구성원들은 상사의 지시보다 관계의 질quality of relationship에 의해 더 큰 영향을 받는다. 그렇기 때문에 서번트 리더는 공동의 목표를 수행하기 위하여 구성원들 간에 배려와 협력을 바탕으로 관계의 질을 높이기 위하여 노력한다.

(7) 서번트 리더는 권한 위임을 통해 리더십을 발휘한다.

서번트 리더는 자신의 지위와 권력은 조직의 목적을 달성하기 위한 도구이기 때문에 구성원들과 권한을 공유해야 한다고 생각한다. 이렇게 권한을 위임함으로써 그는 자신의 리더십을 다른 사람들과 공유한다.

4) 서번트 리더의 12가지 덕목

서번트 리더십 프로그램 발전에 앞장서고 있는 미국 인디애나폴리스 시의 그린리프 연구 센터의 스피어즈 연구소장은 서번트 리더가 갖추어야 할 10가지 요소로 경청, 공감, 치유, 인식, 설득력, 비전, 예지력, 청지기 의식, 성장 지원, 공동체 구축을 들고 있다. 여기에 서번트 리더십의 기초가 되는 사랑과 겸손을 포함하여 12가지 요소를 서번트 리더가 갖추어야 할 덕목으로 설명할 수 있다.[2]

(1) 경청Listening

경청은 상대방의 말을 잘 듣고 대화하면서 개인이나 공동체의 필요를 살피고 문제를 해결하기 위해 분별력 있는 결정을 내리는 것이다. 잘 듣기 위해서는 상대방을 존중할 줄 아는 훈련이 필요하다. 도날드 베트 박사의 연구에 의하면, 사람의 하루일과 중 언어적 커뮤니케이션은 쓰기가 4%, 읽기가 11%, 말하기가 22%, 듣기가 63%라고 한다. 따라서 성공적인 대화를 위해서는 말을 잘하기보다 상대방의 말을 잘 들어주는 것이 중요하다. 이때의 듣기는 무의식적으로 듣거나 선택하면서 듣는 정도가 아니라 경청이다.

경청은 단순히 다른 사람이 얘기하는 것을 잘 듣고 이해하는 것과는 다르다. 경청한다는 것은 상대방의 내면의 소리를 만나는 것이다. 상대방이 하는 말의 내용은 물론 말하는 사람의 의도, 욕구, 내면의 감정까지 이해하려는 적극적인 커뮤니케이션 활동이다. 경청이 듣기와 구분되는 것은 그 활동의 중심이 서로 다르기 때문이다. 경청은 듣는 사람이 자신의 입장에서 상대방의 말을 듣는 것이 아니라 상대방의 경험과 입장에서 그 사람의 얘기를 듣고 이해하려는 것이다. 사람은 누구나 내 이야기를 잘 들어주는 사람에게 마음이 끌리게 되어 있다.

---

2 필자는 로버트 그린리프 센터에서 제시한 서번트 리더십의 특성 10가지를 기독교적으로 적용하며 사랑과 겸손을 포함한 12가지를 서번트 리더십의 특성으로 제시하였다.

<table>
<tr><td>1) 성경구절</td><td>눅 10:16; 약 1:19; 잠 18:13, 19:20, 29:20</td></tr>
<tr><td>2) 생각하기</td><td>판단하며 듣기(17%), 질문하며 듣기(26%), 조언하며 듣기(35%), 감정 이입하며 듣기(22%)</td></tr>
<tr><td>3) 행동하기</td><td>· 경청 능력 파악하기: 문제에 대한 대답으로 자신의 기준에 맞는 숫자를 표시하라.</td></tr>
<tr><td>4) 적용하기</td><td>
<table>
<tr><td colspan="2">1=거의 그렇지 않다 2=가끔 그렇다 3=때때로 그렇다 4=종종 그렇다 5=거의 항상 그렇다</td></tr>
<tr><td>(1) 남의 말을 들을 때 남의 이야기를 끊지 않고 끝까지 듣는 편이다.</td><td></td></tr>
<tr><td>(2) 누군가 나에게 말할 때 내가 다음에 말할 내용을 생각하지 않는다.</td><td></td></tr>
<tr><td>(3) 남의 말을 들을 때 나는 내가 듣고 싶은 내용에만 집중하지 않는다.</td><td></td></tr>
<tr><td>(4) 상대방의 말의 내용을 잊어버렸을 때 다시 말해달라고 부탁하는 편이다.</td><td></td></tr>
<tr><td>(5) 누군가 나에게 말할 때 자신의 경험과 연관시키지 않고 객관화한다.</td><td></td></tr>
<tr><td>(6) 누군가 나에게 말할 때 나는 몸짓과 표정을 통해 반응하는 편이다.</td><td></td></tr>
<tr><td colspan="2">※ 각 부분에서 점수가 낮다면 당신은 할 일이 많아진다. 당신이 각각의 문제에서 확인하고 경청에 방해가 되는 요소들을 극복할 듣기 기술을 어떻게 연습해 나갈 것인지 일지에 적어보라.</td></tr>
</table>
</td></tr>
<tr><td>5) 맺는 말</td><td>· 무엇이 당신으로 하여금 그들의 말을 듣는데 방해가 되었는가?
· 그들 중에 어느 한 사람의 말만 주의 깊게 듣고 다른 이들의 말을 듣는 데에는 소홀하지 않았는가? 그렇다면 왜 그런 차이가 생겼는가?</td></tr>
</table>

(2) 공감Empathy

서번트 리더는 다른 사람의 행동이 선의에 의한 것이라는 믿음에서 출발하여 그의 행동을 진심으로 이해하려는 눈을 갖는다. 그럼으로써 공감하려고 한다. 공감은 어떤 상황이나 사람을 논리적으로 분석하기보다는 그 사람의 입장이 되어 그 사람이 경험한 것을 나도 공유하고 공통의 느낌을 갖고자 하는 것이다. 그 과정에서 감정이입이 일어난다. 공감과 동정은 다른데, 동정은 자신의 가치관이나 견해에서 상대방의 기분과 감정을 파악하고 이해하는 것인 반면, 공감은 철저하게 상대방의 감정이나 입장에서 그 기분을 공유하고 이해하는 것이다. 서번트 리더십은 상대에게 무엇이 필요한지를 파악하는 데서 출발한다. 리더는 팔로어follower의 감정을 이해하고 이를 통해 팔로어에게 필요한 것이 무엇인지를 알아내고 리드해야 한다.

1) 성경구절	잠 2:1~6	
2) 생각하기	1=거의 그렇지 않다 2=가끔 그렇다 3=때때로 그렇다 4=종종 그렇다 5=거의 항상 그렇다	
3) 행동하기	(1) 남의 이야기를 들을 때 남을 이해하려고 노력하는 편이다	
	(2) 공감을 표현할 수 있는 방법들을 알고 있는 편이다	
4) 적용하기	(3) 다른 사람의 이야기를 들을 때 상대방의 이야기나 감정을 공감하지 못하게 하는 요소를 제거하고 듣는 편이다	
	(4) 상대방의 이야기를 들으면서 울 때 함께 울며, 웃을 때 함께 기뻐하는 편이다	
	(5) 팀원이 겪고 있는 어려운 일들을 듣게 되었다. 그를 만나 그에게 무슨 일이 있었는지를 이해하는 마음과 그에게 해줄 수 있는 말을 하는 편이다	

	※ 각 부분에서 점수가 낮다면 당신은 할 일이 많아진다. 당신이 각각의 문제에서 확인하고 경청에 방해가 되는 요소들을 극복할 듣기 기술을 어떻게 연습해 나갈 것인지 일지에 적어보라.
5) 맺는 말	공감을 표현하기 위해 '다른 사람의 처지에서 생각하려고' 노력하는 것이 중요하다.

(3) 치유 Healing

서번트 리더의 강력한 힘은 자기 자신, 그리고 타인과의 관계를 치유할 수 있다는 잠재적 가능성에서 나온다. 서번트 리더는 자신이 상대하는 사람들의 상처를 치유할 수 있다는 생각을 갖는다. 구성원들의 정신적, 심적인 상처를 이해하고 그들을 좀 더 밝고 긍정적으로 변화시키는 일은 서번트 리더의 중요한 역할이다. 치유의 능력이야말로 건강한 변화를 만들어 내는 서번트 리더의 힘이다.

1) 성경구절	잠 3:5~6; 렘 17:7~8; 골 3:13; 엡 4:32
2) 생각하기	· 관계의 불화를 치유하는데 용서가 꼭 필요한 이유는 무엇인가? · 우리가 상처를 입었을 때 보이는 서로 다른 반응들은 어떤 것인가? · 관계를 치유하는데 필요한 단계는 무엇인가?
3) 행동하기	빈 의자를 놓고 마주앉아 당신에게 상처를 주었던 사람이라 생각하고 당신의 상처를 말하라. 그 후 반대편 의자에 앉아 그 사람의 처지가 되어 상처에 대해 대답해 보라.
4) 적용하기	· 사람들 사이의 관계라는 관점에서 신뢰와 신뢰할 만함의 사이에 어떤 연결점이 있는가? · 신뢰를 세우는데 장애물은 무엇인가? · 갈등을 예방하기 위해 이러한 장애물들을 어떻게 극복할 수 있는가?

5) 맺는 말	용서하지 못하는 이유를 기록해 보고, 용서를 구하는 사람들과 환경들을 생각해 보며, 그들을 위해 용서의 기도를 하라. 상처를 치유 받는 경험을 하게 될 것이다.

(4) 인식 Awareness

서번트 리더는 건강한 공동체를 만들기 위해 공동체의 현실과 미래를 들여다보면서 문제의식과 역사의식을 갖는다. 서번트 리더는 두 가지 면에서 인식을 바꾸어야 한다. 하나는 자기 자신에 대한 인식이며, 다른 하나는 부하에 대한 인식이다. 전통적인 리더는 자기 자신에 대해 다른 사람을 이끌어 조직의 목적을 달성하는 사람이라고 인식한다. 이런 전제하에 목표를 제시하고 업무추진 과정을 관리하며 성과를 평가한다. 그러나 서번트 리더는 먼저 자신이 서번트라는 인식에서 출발한다. 진정한 리더는 먼저 다른 사람에게 봉사하고 지원함으로써 조직을 이끌어 간다. 부하들이 업무를 잘 추진할 수 있도록 서비스를 제공하여 목적을 달성한다. 전통적인 리더는 팔로어를 관리의 대상이자 목적을 달성하기 위해 활용하는 다양한 자원 중의 하나로 여긴다. 그러나 서번트 리더는 팔로어를 성공과 성장의 대상이며 가장 중요한 자원이라고 인식한다.

1) 성경구절	느 8:17; 사 9:2; 마 5:14~16; 고전 13:12
2) 생각하기	· 자기 자신을 돌아봐야 할 이유와 그로 인한 유익은 무엇인가? · 자기 인식이란 무엇이며, 이것은 섬김의 리더십과 어떤 관련이 있는가? · 당신의 어두운 부분은 무엇인가? 그것은 어떤 요소로 이루어져 있는가?

<table>
<tr><td></td><td>· 우리의 두려움, 불안, 걱정은 우리를 어떻게 속박하고 있는가?</td></tr>
<tr><td>3) 행동하기

4) 적용하기</td><td>
자기 자신 인식하기
<table>
<tr><td colspan="2">친할아버지 / 조부모(아버지쪽) / 친할머니</td></tr>
<tr><td>긍정적인 영향:</td><td>긍정적인 영향:</td></tr>
<tr><td>부정적인 영향:</td><td>부정적인 영향:</td></tr>
<tr><td colspan="2">외할아버지 / 외조부(어머니쪽) / 외할머니</td></tr>
<tr><td>긍정적인 영향:</td><td>긍정적인 영향:</td></tr>
<tr><td>부정적인 영향:</td><td>부정적인 영향:</td></tr>
<tr><td colspan="2">아버지 / 부모님 / 어머니</td></tr>
<tr><td>긍정적인 영향:</td><td>긍정적인 영향:</td></tr>
<tr><td>부정적인 영향:</td><td>부정적인 영향:</td></tr>
</table>
</td></tr>
<tr><td>5) 맺는 말</td><td>인식하는 능력의 지속적인 성장을 위해 할 수 있는 일들을 일지에 적어 보도록 한다.</td></tr>
</table>

(5) 설득력 Persuasion

서번트 리더는 강압적인 지시보다는 대화와 설득을 통해 공감대를 이끌어내고 구성원들이 스스로 업무를 수행해 나갈 수 있도록 한다. 서번트 리더는 구성원들이 자신의 직책이나 권한에 수긍하는 일방적인 관계가 되지 않도록 자신을 낮춰 상하 관계가 아닌 파트너십을 느끼게 해야 한다. 여기서도 권위주의자와 서번트 리더의 지도력이 구분된다. 사역공동체에서도 지도력은 신앙고백이 있는 삶을 통해 주어지는 영향력이지,

직책이나 타이틀 때문이 아니다.

1) 성경구절	몬 1:1~25, 도망친 오네시모를 다시 찾아오도록 빌레몬을 설득하는 바울을 묵상해 보라.
2) 생각하기	· 당신이 리더로서 다른 사람들에게 행동을 바꾸도록 충분히 영향을 끼칠 수 있는 방법들이 있다면 어떤 것인가? 설득에서 힘은 어떻게 이용되고 또 오용되는가?
3) 행동하기	· 나의 공동체에서 힘은 특정인에게 집중되어 있는가, 여러 사람에게 분산되어 있는가?
4) 적용하기	· 공동체 내에서 당신의 위치는 어디인가? 당신은 어느 정도의 힘을 갖고 있는가?
5) 맺는 말	설득하는 능력을 증대시키기 위해 취할 수 있는 당신의 행동은 어떤 것들이 있는가?

(6) 비전Conceptualization

비전은 하나님의 꿈을 보는 능력이다. 서번트 리더는 보다 큰 꿈을 꾸고 그것을 달성해 나가기 위해 자신의 능력을 강화해 나간다. 비전을 그려내고 그것을 형상화시켜 나가는 관점에서 사물을 바라본다. 리더가 보여주는 비전은 구성원들에게 영향을 준다. 첫째, 비전은 구성원들을 하나로 뭉치게 하는 응집력이 있다. 둘째, 비전은 장기적 관점에서 조직의 전략적 사고와 계획을 가능하게 하는 힘이 된다. 셋째, 개인의 입장에서도 비전은 중요하다. 비전은 삶에 활력과 열정을 일으켜 각자가 스스로 동기부여를 할 수 있도록 지원한다. 결국 비전은 매일 매일의 삶에 충실케 하는 성실함과 동시에 공동체의 미래를 멀리 내다볼 수 있는 능력이다.

1) 성경구절	고전 2:9; 전 3:11; 계 21:1; 히 11:1; 빌 3:12, 14; 고후 5:16~17
2) 생각하기	· 하나님께서 자신을 사랑하는 사람들을 위해 예비하신 것에 관하여 · 하나님 능력의 무한함에 관하여, 다가올 천국의 모습에 관하여 · 하나님의 영원한 속성에 관하여, 새로운 창조로서의 우리 자신에 관하여
3) 행동하기 4) 적용하기	공동체의 비전과 나의 비전을 비교해 보라. 유사점과 차이점을 생각하고 조정 또는 협력의 방안을 논의해 보라
5) 맺는 말	서번트 리더로 발전하는데 비전이 어떤 의미를 갖는지 생각해보라.

(7) 예지력 Foresight

예지력은 앞을 내다보는 능력을 뜻한다. 그러나 이러한 능력은 미래만 따로 생각해서 나오는 것이 아니다. 예지력이란 과거와 현재, 그리고 미래를 연결하고 조합함으로써 갖게 되는 능력으로 과거의 경험과 현재의 상황으로부터 정확하게 그 의미를 찾아내고 현재의 의사 결정이 가져올 미래의 결과를 내다보는 힘이다. 때로는 직관적으로 다른 사람들이 보지 못하는 것을 보는 능력이다. 다른 능력은 훈련하고 발전시킬 수 있지만, 예지력은 대부분 타고난 은사이다.

1) 성경구절	민 14:6~8; 잠 1:5~7; 겔 37:9~13; 눅 1:46~55
2) 생각하기	· 믿음은 장기적인 안목에서 계획을 세우고 예지력을 발휘하는 것과 어떤 관련이 있는가?
	· 행동을 바꾸기 위해 당신이 가장 먼저 바꾸어야 할 점은 무엇인가? · 당신은 어떠한 렌즈(관점)를 가지고 세상을 바라보는가?

3) 행동하기 4) 적용하기	**비전을 세울 때 고려할 사항** · V(valued): 가치 있는 것인가? · I(inspired): 생각하면 가슴이 뛰며 고무되는가? · S(specific): 독특한 것인가? · I(illustrate): 구체적으로 설명할 수 있는가? · O(obtainable): 노력하면 달성할 수 있는가? · N(need): 진정 필요한 것인가?
5) 맺는 말	예지력이 의미 있게 되기 위해서는 구성원들의 참여와 공유적 활동이 있어야 한다.

(8) 청지기 의식Stewardship

청지기 의식은 주어진 책임을 감당하는 능력이다. 자기 것이라는 소유욕이나 이기적인 목적이 아닌 온전히 맡겨진 사명에 충성하는 능력이다. 서번트 리더는 자신의 지위와 권력을, 자원을 관리하고 봉사하기 위해 위임받은 것이라고 인식한다. 리더는 제한된 자원을 적절하게 분배해서 공동체의 성장을 도모하는 역할을 감당해야 한다. 청지기의식으로 무장된 서번트 리더는 부하 위에 군림하려 하지 않고 부하의 성공과 성장을 지원하는 위치에 서 있다고 생각한다. 교회 안에서도 제한된 인적, 물적 자원을 적절하게 안배해서 균형 잡힌 성장을 추구하기란 쉬운 일이 아니다. 서번트 리더는 공동체의 모든 구성원들이 최대의 성장을 경험할 수 있도록 자원을 관리하는 일로 섬겨야 한다.

1) 성경구절	고전 12:4~11; 롬 12:6~8; 벧전 4:10
2) 생각하기	· 믿음은 장기적인 안목에서 계획을 세우고 예지력을 발휘하는 것과 어떤 관련이 있는가?

	· 행동을 바꾸기 위해 당신이 가장 먼저 바꾸어야 할 점은 무엇인가? · 당신은 어떠한 렌즈(관점)를 가지고 세상을 바라보는가?
3) 행동하기	**청지기 의식 훈련 지침** · 타인을 향한 신뢰감을 갖고 행동하라 · 타인을 지배하는 것이 아닌 돌보라
4) 적용하기	· 개인적인 관심을 넘어 섬김을 선택하라 · 통제하지 말고 결과에 책임을 가지라 · 하나님의 공동체를 세우는 구체적인 일에서 은사와 재능을 어떻게 사용할 것인가?
5) 맺는 말	· 나는 조직 내에서 청지기 의식에 대해 무엇을 훈련했는가? · 아이들과 함께 상호작용하는 가운데 청지기 의식을 훈련하면서 무엇을 배웠는가? · 좋은 청지기가 되도록 능력 향상을 위한 3가지 단계를 설정한다면?

(9) 성장 지원Commitment to the growth others

성장 지원은 다른 사람의 발전을 도모하는 능력이다. 다른 사람을 이용하는 것이 아니라 그들의 발전에 필요한 것을 잘 살피는 능력이다. 서번트 리더는 팔로어들의 개인적 성장, 정신적 성숙과 전문 분야에서 발전하기 위한 기회와 자원을 제공해야 한다. 리더는 종종 일 중심적으로 되기 쉽다. 그러나 건강한 리더는 사람을 중히 여긴다. 리처드 후드Richard Hood는 "팔로어들도 분명히 리더십의 중요한 일부분이다"라고 말한다. 배가 항해하려면 선장만 중요한 것이 아니다. 절대다수를 이루는 선원들이 일을 잘해야 한다. 일 중심적인 사고방식을 가진 리더는 결코 좋은 리더가 될 수 없다. 일이 아니라 사람을 볼 수 있어야 좋은 리더이다. 구약성경의 사울 왕은 전쟁이라는 일에서 우선순위를 잃고 타락했다. 외형적인 일에 묻혀 한 개인의 중요성을 잃어서는 안 된다. 한 사람 한 사람이 눈에 들어올 때 비로소 좋은 리더가 되는 준비를 갖춘 셈이다.

1) 성경구절	엡 4:11~15; 눅 13:6~9
2) 생각하기	· 한 공동체 안에서 권력이란 무엇을 의미하는가? 그것이 어떻게 성취되는가? · 누군가가 스스로 만족하고 있다면 개인의 성장과 어떻게 연관되는가? · 우리가 항상 가면을 쓰고 있다면 우리에게 어떠한 성장이 필요한가?
3) 행동하기 4) 적용하기	**구성원들의 지속 가능한 성장을 위한 프로그램 기획** · 차세대 리더들에게 힘을 실어주는 프로그램을 개발하라. · 역량을 구축할 수 있는 프로그램을 설정하라.

(10) 공동체 구축 Building Community

공동체 구축은 함께 건강한 공동체를 만들어 가는 것이다. 무너뜨리는 것이 아니라 무너진 것을 함께 세우는 사람이 되는 것이다. 스포츠 세계에서 훌륭한 감독은 선수들의 역량이 다소 부족하더라도 팀워크를 이루어 오히려 팀의 능력을 극대화시키지만, 미숙한 감독은 스타플레이어들을 데리고도 좋은 성적을 거두지 못한다. 공동체 의식은 조직이 시너지 효과를 발휘할 수 있도록 한다. 리더는 조직의 구성원들이 서로 존중하며 봉사할 수 있는 진정한 의미의 공동체를 만들어 가야 한다. 서번트 리더는 상대방을 배려하고 협력하여 팀워크가 발휘될 수 있도록 공동체 의식을 강화시켜 나간다. 그는 공동체를 중요시하기 때문에 팀의 기본적인 원칙과 윤리에 근거하여 구성원 개개인의 행위를 평가한다. 구성원 각자의 가치와 가능성을 믿으며, 구성원들이 소속감을 느끼고 생활할 수 있도록 한다.

<table>
<tr><td>1) 성경구절</td><td>고전 12:4~11; 롬 12:6~8; 벧전 4:10</td></tr>
<tr><td>2) 생각하기</td><td>· 믿음은 장기적인 안목에서 계획을 세우고 예지력을 발휘하는 것과 어떤 관련이 있는가?
· 행동을 바꾸기 위해 당신이 가장 먼저 바꾸어야 할 점은 무엇인가?
· 당신은 어떠한 렌즈(관점)를 가지고 세상을 바라보는가?</td></tr>
<tr><td>3) 행동하기</td><td rowspan="2">청지기 의식 훈련 지침
· 타인을 향한 신뢰감을 갖고 행동하라
· 타인을 지배하는 것이 아닌 돌보라
· 개인적인 관심을 넘어 섬김을 선택하라
· 통제하지 말고 결과에 책임을 가지라
· 하나님의 공동체를 세우는 구체적인 일에서 은사와 재능을 어떻게 사용할 것인가?</td></tr>
<tr><td>4) 적용하기</td></tr>
<tr><td>5) 맺는 말</td><td>· 나는 조직 내에서 청지기 의식에 대해 무엇을 훈련했는가?
· 아이들과 함께 상호작용하는 가운데 청지기 의식을 훈련하면서 무엇을 배웠는가?
· 좋은 청지기가 되도록 능력 향상을 위한 3가지 단계를 설정한다면?</td></tr>
</table>

(11) 사랑과 겸손이 서번트 리더의 출발점이다.

'서번트 리더'가 된다는 것은 무엇을 의미하는가? 그것은 서번트 리더가 되고자 하는 이들의 마음과 생각에서 출발한다. 그리고 그것은 그의 삶 전체에 적용되어야 한다. 예수의 공생애의 삶이 그의 사역을 통해 모든 사람에게 보여진 것처럼 서번트 리더십은 구체적인 삶의 결과로 드러나야 한다. 이러한 개념을 삶과 사역에 적용하기 위해 그린리프센터에서 강조하는 '서번트 리더십의 10가지 덕목'인 경청, 공감, 치유, 인식, 설득력, 비전, 청지기 의식, 예지력, 성장 지원, 공동체 구축에 포함되어야 할 서번트 리더십의 근본적인 두 가지 특징은 '사랑'과 '겸손'이다. 사랑과 겸손은 서번트 리더가 되고자 하는 열망에 힘을 불어넣는 필수 요소이다.

사랑과 겸손을 바탕으로 하지 않는 서번트 리더는 자칫 '모래 위에 지은 집'처럼 될 수 있다. 서번트 리더십은 사랑을 실천하는 리더십이다. 그러므로 사랑과 겸손의 의미가 무엇이며 그것들이 서번트 리더십에 어떤 힘으로 작용하는지 생각해 보아야 한다. 무엇보다 사랑과 겸손을 이해하려면, 서번트 리더십의 모델인 예수 그리스도를 알고 닮아가는 구조 속으로 나아가야 한다. 서번트 리더가 빌립보서 2장의 '예수의 자기비하'에 나오는 마음을 가져야 한다는 것은 곧 사랑과 겸손을 드러내는 말이다(빌 2:5~11). 사랑과 겸손이 서번트 리더십의 동기부여인 것이다.

달라스 윌라드는 서번트 리더의 필요조건으로 '마음을 새롭게 함' Renovation of the Heart이라 묘사한 바 있다.[3] 서번트 리더가 된다는 것은 리더 자신의 내면으로부터 출발한다. 인생관, 선택, 행동 등 즉 내 안에 있는 영성을 말한다. 서번트 리더십의 10가지 특징에 대해 어떠한 기술적인 방법을 배울 수 있겠지만, 그러한 기능만으로는 서번트 리더가 될 수 없다. 예수의 삶 전체에서 보여준 도덕적 영역과 사랑과 겸손을 갖추지 못한다면 그것은 무의미할 것이다. 그러므로 서번트 리더가 되고자 한다면 예수와 같은 삶의 자세를 어떻게 갖출 것인지를 깨달아야 한다. '사랑'과 '겸손'이 그 출발점이라고 할 수 있다.

---

3 Willard, Dallas. *The Divine Conspiracy* (Harper SanFrancisco, 1st edition, 1998).

사랑

1) 성경구절	요일 4:7~8; 고전 13:4~8; 눅 6:27~34; 마 22:37~39; 요 15:12~17, 17:20~23; 엡 3:17~19
2) 생각하기	사랑은 성령의 인도하심으로 상대를 바라보고, 경청하며 어디든지 가서 만나는 것이다.
3) 행동하기	사랑을 공동체 속에서 어떻게 드러낼 것인지 명확하고 구체적으로 적용하라.
4) 적용하기	말 속에 있는 사랑의 영(고전 13:1), 마음을 변화시키는 사랑, 사랑을 표현하라.
5) 맺는 말	· 감정적 사랑Emotional love: Eros과 영적사랑spiritual love: Agape의 차이는 무엇인가? · 내가 속한 공동체에서 사랑을 나타내는 것에 대해 내가 배우게 된 것은 무엇인가? · 내가 섬겨야 할 사람들에 대한 사랑의 표현에 대해 내가 배우게 된 것은 무엇인가?

겸손

1) 성경구절	사 42:1~3, 53:1~2; 슥 9:9; 엡 4:2~7; 벧전 5:2~7; 골 3:12~15; 빌 2:2~3; 벧전 5:5~7
2) 생각하기	겸손 실천의 원칙: · 자신이 무지하다는 사실을 인정하라 · 자신에 대해 너무 심각하게 생각하지 말라 · 경외하는 마음을 품으라 · 실패를 두려워하지 말라 · 자신보다 다른 이들을 먼저 생각하라
3) 행동하기	· 매일 매일의 조직의 상황 속에서 겸손은 어떻게 나타나는가? · 겸손과 '나 중심'의 리더십 스타일은 어떻게 비교/대조되는가? - 일지에 적어보라.

<table>
<tr><td>4) 적용하기</td><td>겸손을 나타내기(엘리야, 바울, 마리아, 에스더 등) 겸손의 도표를 만들어 보라.
<table>
<tr><th>행동영역</th><th>'나 중심'</th><th>행동 겸손한 행동</th></tr>
<tr><td>리더십</td><td></td><td></td></tr>
<tr><td>동료들과의 인간관계</td><td></td><td></td></tr>
<tr><td>공동체 속에서 인간관계</td><td></td><td></td></tr>
<tr><td>다른 공동체 또는 팀, 팀원들과의 관계</td><td></td><td></td></tr>
<tr><td>가족 구성원들과의 관계</td><td></td><td></td></tr>
</table></td></tr>
<tr><td>5) 맺는 말</td><td>· 공동체에서 겸손의 모습을 나타내는 것에 대해 내가 배운 것은 무엇인가?
· 구성원들과의 상호관계 속에서 겸손의 모습을 나타내는 것에 대해 배운 것은?</td></tr>
</table>

5) 서번트 리더십의 12가지 덕목의 적용

각자가 속한 소그룹에서 본 저서의 서번트 리더십의 12가지 특성과 도표를 읽고 정리한 후 한 가지씩 주제를 선택하여 다음과 같이 각자가 느낀 점을 발표하여 적용점을 함께 나눈다. 또한 연관된 섬김의 현장 방문을 통하여 섬김의 리더십을 구체적으로 삶의 현장에서 적용하도록 돕는다.

(1) 발표 주제 선택 : 교재 중 '섬김의 리더십 12가지 덕목' 중 1개 선택하여 주제와 연관된 리더십(사례)이나 리더(인물) 조사 정리한다.

(예: 사랑의 리더 – 마더 테레사: 사랑의 리더십의 덕목과 사례를 찾아/사랑의 리더십을 실천하는 교회·기관·단체들의 현장을 방문, 조사하여 소개한다.)

1. **구체적인 내용**

   1) 주제 및 인물을 선정한 동기 (자기 의견)

   2) 선택한 주제에 대한 설명 (교재참조 요약 및 기타 자료 참조)

   3) 주제에 대한 구체적 사례 및 덕목 (리더십 활동사례나 인물 소개)

   4) 성찰 및 적용(자기 의견)

2. **발표시간은 1인이 30분 이내로 요약발표하고 교재의 내용과 함께 토의한다.**

3. **섬김의 리더십 발제 견본**

   주제 - 섬김의 리더십 12가지 덕목 중 공동체 구축의 리더십

"흑인의 희망 넬슨 만델라"

1) 주제 및 인물 선정 동기

공동체구축을 위한 섬김의 리더를 찾던 중에 넬슨 만델라를 만나게 되었다. 그는 흑인과 백인의 평등을 주장했단 사람이다. 남아프리카 공화국은 17세기 중반부터 백인들의 지배를 받아야 했다. 그 빈곤과 질병, 무지 속에서 살아온 남아프리카의 흑인들에게 자유를 얻게 해준 사람이 바로 넬슨 만델라이다. 그는 1918년 남아공화국 트란스케이에서 출생했으며 태어나면서부터 백인들에게 부당하게 차별대우를 받게 된 만델라는 흑인의 인권을 위해 한평생 살아갈 것을 결심하게 되고 청년동맹과 민족회의를 결성해 저항운동을 전개했고, 27년을 감옥에서 보낸 인권운동의 투사이다. 그는 많은 나이에 아

무것도 할 수 없을 것 같은 노인에 불과해 보였지만 백인 우월주의, 흑인차별을 타파한, 흑인들에게 희망과 비전을 제시한 그리고 모두의 목표를 이룩한 인물로서 선정하게 되었다.

2) 섬김의 리더십에서 '공동체 구축'이란?

(주제에 대한 개괄적 설명-교재 요약 및 느낀점 소개)

3) '넬슨 만델라'의 섬김의 리더십(리더십 사례나 인물 소개)

(1) 넬슨 만델라는 누구인가?

1962년부터 1990년 2월까지 약 27년간 감옥생활을 하면서 남아프리카 인구의 다수를 차지하는 흑인의 희망이 되어 왔었다. 넬슨 로이홀라홀라 만델라는 코사어를 쓰는 템부족(族) 추장의 아들로 태어났다. 포트헤어 유니버시티 칼리지에 입학했으나 학생운동으로 제적되었고 전통혼례를 피해 잠시 트란스발 광산의 경찰관 생활을 한 적도 있었다. 1942년 버트바터스란트대학교에서 법률학위를 취득하고 동료인 올리버 탐보와 함께 변호사 사무실을 열었다. 1944년부터 아프리카 민족회의에 참여했고 이내 흑인해방운동의 지도자로 부각되었다. 1948년 이후 집권 국민당의 아파르트헤이트 정책(흑인에 대한 인종차별 정책)에 대항해온 결과 반역죄로 기소되었으나(1956), 1961년 무죄석방되었다. 이 기간에 부인과 이혼하고 놈자모 위니프레드(위니 만델라)와 재혼했다. 1960년 경찰의 발포로 스하르페빌레에서 비무장 군중들이 살상된 데 이어 ANC에도 금지령이 내려지자 만델라는 그때까지의 비폭력 노선을 포기하고 대(對) 정부 사보타주를 역설하기 시작했다. 1962년 만델라에게

5년 징역형이 선고되었다. 1963년 투옥 중인 만델라와 동료들이 사보타주·반역죄·공모죄로 재차 소추된 이른바 '리보니아 재판'이 열렸다. 경찰은 요하네스버그 교외의 풍광 좋은 리보니아에 있는 움콘토 웨 시즈웨('국민의 창'이라는 이름의 ANC 전투조직)의 본부를 급습해 막대한 물량의 무기와 장비들을 발견했다. '국민의 창' 설립의 산파역을 맡았던 만델라는 기소내용의 일부를 시인했고, 1964년 6월 11일 종신형을 선고받았다. 그는 1964~82년 케이프타운 앞바다의 로번 섬 교도소에 투옥되었고, 이어 1988년까지는 삼엄한 경비로 악명 높은 폴스무어 교도소에 감금되었는데 결핵 증세가 나타나 입원치료를 받기도 했다. 그동안 남아프리카의 흑인과 아파르트헤이트에 비판적인 국제사회에서 넬슨 만델라의 투쟁은 하나의 위대한 지향점으로 인식되어갔고, 마침내 1990년 2월 11일 F.W. 데 클레르크 정부는 그를 석방하기에 이르렀다. 석방된 만델라는 3월 2일 ANC의 부의장에 선출되었고 1991년 7월에는 오랜 동료 올리버 탐보의 뒤를 이어 의장에 취임했다. 인종차별을 불식한 민주헌법의 제정을 위해 데 클레르크 총리와 긴밀한 협조관계를 유지하며 평온한 사회로의 이행을 부단히 추구한 공로를 인정받아, 1993년 두 사람이 함께 노벨 평화상을 수상했다. 1994년 4월 실시된 대통령 선거에서 약 65%의 지지율을 얻어 마침내 남아프리카 최초의 흑인 대통령에 당선되어 46년간에 걸친 아파르트헤이트 시대를 마감시켰다.

4) 〈만델라〉를 섬김의 리더로 인정할 만한 덕목과 사례

(1) 긍휼의 마음

그는 1918년 남아공화국 트란스케이에서 출생했으며 태어나면서부터 부당하게 차별대우를 받게 된 만델라는 다른 여러 흑인들을 보고, 흑인의 인권을 위해 한평생 살아갈 것을 결심하게 되고 청년동맹과 민족회의를 결성해 저항운동을 전개했다. 그후 그는 무려 27년을 감옥에서 보내야 했지만 흑백차별정책을 종식시키고 남아공에서 백인통치를 끝내는 결정적 업적을 남겼다. 또 1993년 노벨평화상을 받고 1994년 남아공 최초 흑인 대통령이 되었다. 그는 초대 흑인 대통령이란 타이틀보다 '아프리카인의 대부'라는 타이틀로 진정한 존경을 받고 있다. '남녀구분 없이! 피부색 상관없이! 빈부 차이 없이! 직책에 상관 없이!' "친구들, 동지들 그리고 친애하는 남아프리카여! 평화와 민주주의와 자유의 이름으로 모든 여러분께 인사드립니다. 나는 여기서 선지자로서가 아니라 국민인 여러분의 겸손한 종으로 앞에 섰습니다. 저는 여러분의 손에 남이 있는 제 여생을 다 맡기고자 합니다"라고 말했다. 만델라의 석방은 한편에서 다수 흑인들의 백인들에 대한 복수의 기회로 여겨질 수 있었고, 다른 한편으로는 혹독한 인종차별 정책으로 여태껏 부와 권력을 독차지했던 소수 백인들의 생존권을 위협할 수 도 있었다. 하지만 그는 석방된 이후에도, 또한 대통령에 당선된 뒤에도 백인들에 대한 일체의 정치보복을 가하지 않았다. 흑백화합을 위한 관용과 화해, 즉 궁휼의 마음이 전제되어야 한다는게 그의 통치 철학이었기 때문이다. 뿐만 아니라 그는 대통령직에서 물러날 때에도 섬김의 미학, 퇴장의 미학을 제대로 보여 주었다. "나는 내 국민과 조국을 위해 내가 해야 할 의무를 했다고 느끼기에 이만 물러 갑니다"라며 대통령직을 퇴임했다. 우리가 보기에 그는 탁월한 정치가이자 전 대통령이다. 그러나 그는 스스로 국제적 영향력 있는 성지사이기 보다 21명에 이르는 손자 손녀들과 보다 많은 시간을 보낼수 있는 '마디바'(흑인언어로 시골의 마음씨 좋은 친근한 할아버지)로 불리길 원했다. 그는 낮아짐과 비움의 미덕을 가지며 타인을 지배하지 않고 섬기며 봉사하고, 권력에 대한 욕구보다, 나와의 싸움을 이기고 타인을 사랑하는 마음을 가지고 베풀며 봉사하는, 그들의 아픔을 나눌 수 있는 진정 긍휼의 사람이었던 것이다.

(2) 성실의 마음

"나는 노력하는 노인일 뿐이다"

그는 자신이 용감한 템부족 후예임을 자랑스럽게 생각하며 자랐다. 학생시절 그는 어렸을 때 부터 성실하게 공부하는 학생이었다. 그는 공무원이나 통역관이 되는 꿈을 키우며 살았다. 하지만 백인들의 우월주의와 흑인차별로 현실을 인식하고 아프리카 민족회의(ANC)를 성실하게 더욱 많은 활동을 하게 된다. 넬슨 만델라는 최근 영국BBC방송의 인터넷 사이트에서 뽑은 전세계 지도자와 사상가 중에서'세계의 대통령이 되어야 할 사람1위로 뽑혔다고 한다. 또한 대통령 퇴임 후 각종 협회와 대학에서 만델라에게 상과 학위를 수여하고 있다. 그와중에도 만델라는 "이러한 명예가 남아공 국민들이 자신에게 준 힘의 결과라는 점을 잊지 않고 있으며 나는 대단한 인간이 아니다. 노력하는 노인일 뿐이다"라고 말한다.

(3) 열정의 마음

백인 우월주의 현실을 목격한 그는 "소년시절의 자유는 환상일 뿐이며, 젊은 시절 이미 자유를 빼앗겼고, 자신뿐만 아니라 나와 내 형제 자매들도 자유롭지 못하다는 것을 깨닫게 되었다"면서 자유를 갈망하게 된다. 그는 동지들과 1944 ANC 청년동맹을 창설하고, 인종차별적인 법안들을 폐지하기 위한 활동과 운동에 적극적으로 참여한다. 1952년 올리버 탐보와 함께 남아프리카 최초의 흑인 변호사 사무실을 열어 흑인들에게 희망을 주게 된다. 그 후 비폭력 투쟁운동을 전개하던 그는 샤프빌 대학살 사건으로 무장투쟁을 하게 되고 '민족의 창(MK)'를 창설하고 무력투쟁을 추구하는 투사가 된다.(석방 후 다시 돌아오게 된다.) 그 후 만델라는 대통령 취임식 때 "우리가 두려워하는 것은 우리 스스로가 상상할 수 없을 정도로 강하다는 사실이다. 우리를 가장 놀라게 하는 것은 어둠이 아니라 빛이다. 우리 스스로에게 이렇게 물어보자. 현명하고, 재능 있고, 전설적인 사람이 되려고 하는 나는 누구인가?" 이 연설은 과거 마틴 루터 킹의 "나는 꿈이 있습니다"와 함께 세상을 바꾼 흑인 운동가의 명연설로 꼽힌다. 이러한 만델라의 용기와 비전 제시는 아프리카인들에게 가슴속 서방 강대국들과도 맞설 수 있는 비전을 심어주는 계기가 되었고 그의 열정이 빛을 바라게 되는 계기가 되었다.

5) 성찰 및 적용(자기 의견)

(1) 오늘날 적용해 볼 요소

오늘날 많은 사회적 불공평과 양극화 현상이 나타나고 있다. 그 가운데서 진정으로 용기를 내서 아닌 것을, 모두가 눈치를 보며 Yes라고 외칠 때, 리비아 대통령으로부터 리비아 방문을 초대 받은 만델라가 미국의 간섭에 쐐기를 박고 아프리카인들의 이익을 위해서라면 국제사회에서도 맞설 용기가 있음을 보여주었다.

옳지 못한 것을 볼 때, 부조리 한 것을 보고 지적하며 고쳐나가는 자가 필요한 것이다.

또한 흑인들의 고통을 몸소 느끼면서 그들의 아픔을 함께하고 학대당하는 흑인들뿐만 아니라 학대하는 백인들도 영혼이 망해가고 자유롭지 못하다는 것을 인식하는, 사람들이 보지 못하는 시각과 공감의 능력을 가져서, 상대방에게도 관대하고 관용을 베풀 줄 아는 사람이 되어야 할 것이다. 또 감옥에서 석방되어서도 백인들에게 보복할 수 있었지만 보복하지 않고, 서로 화해를 이끌고 화합을 도모하는 리더가 우리 사회에도 필요한 것이다. 그래서 오늘날 계층 간의 갈등, 기득권층들의 이권다툼, 서민들의 아픔을 동시에 해결하며 서로 WIN/WIN 할 수 있는 리더가 필요할 것이다.

(2) 자신의 소감과 적용

TV에서 몇 번 본 기억밖에 없는 넬슨 만델라를 실제로 조사하게 된 후, 이 또한 기독교인이 갖춰야 할 중요한 섬김의 덕목이라는 것을 깨달을 수 있었다. 세상의 타락과 부조리를 향해 선지자처럼 외칠 수 있는 용기, 죽어가는 사람들에게 올바른 길과 비전, 희망을 주는 격려, 먼저 다가가 고통을 함께하며, 같이 느끼는 공감의 능력, 긍휼의 마음, 넬슨 만델라처럼 매 순간순간 열정적으로 노력하는 삶이 필요하다는 것을 뼈저리게 느끼게 되었다. 가장 낮은 자세로 섬겼을 때 높아진 넬슨 만델라처럼, 높아지려면 도리어 낮아지라는 예수님의 말씀처럼, 먼저 섬기는 자세가 되었을 때 섬김의 리더가 되었을 때 세계 어디에도 통용되고 어느 장소에서도, 필요로 하는 섬김의 리더들이 많아져야겠다는 것을 느꼈다. 또한 넬슨 만델라처럼 "흑인들의 자유와 이익을 위해서라면, 편견과 흑인편협법들을 없애기 위해서라면"이라는 확고한 신념과 목표의식, 그리고 솔선수범 하는 태도, 열정을 본받아, 기독교인으로서 세상에 나가 확고한 신념으로 흔들리지 않고 뚜렷한 목표의식과 비진을 가지고 노력해야겠다. 또 영혼에 대한 식지 않는 사모하는 열정으로 섬기는 구령의 열정을 회복해야겠다. 국가라는 공동체회복을 위해 생애를 드려 헌신한 만델라처럼 내가 처한 상황 가운데 내가 속한 공동체에 희망과 꿈을 주는 서번트 리더로 준비된 자가 되어야겠다.

(2) 각자 연관된 섬김의 현장탐방 보고서

1. 섬김의 현장 탐방

1) 단체(기관)명 :

2) 소재지 :

대표자 :

연락처 :

3) 탐방기관 선정 동기

4) 주요 섬김의 활동 내용

5) **조사 후 적용될 섬김의 리더십 덕목**

(예 : 사랑, 공감, 경청, 치유, 청지기의식, 공동체구축 등)

6) **자기성찰과 적용점**

6) 헨리 나우웬의 서번트 리더를 위한 제언

헨리 나우웬의 『예수의 이름으로』*In the Name of Jesus*는 우리에게 서번트 리더십의 실제적인 적용점을 제시하고 있다. 마귀가 광야에서 예수를 유혹한 마태복음 4장의 세 가지 시험은 우리에게도 '현실적이 되라', '유명해지라', '권력을 가지라'는 유혹을 어떻게 극복해야 하는지를 질문하고 있다. 이것은 오늘날 위기 가운데 있는 한국교회의 성공 지향적이고 사역 중심적인 목회에 섬김의 리더십이 무엇인지를 알려주는 실제적인 나침반이 되리라고 생각한다.

(1) 현실적이 되라는 유혹Temptation to be Relevant

예수가 당하신 첫 번째 유혹에 대해서 헨리 나우웬은 "돌이 떡이 되게 함으로써 중요한 자가 되라고 하는 유혹"[4]이라고 하였다. 우리는 사람들을 대할 때 그 사람의 지위나 소유, 또는 업적으로 판단하는 경향이 있다. 그렇기 때문에 성공을 목표로 달려가는 인생을 우리 주변에서도 얼마든지 볼 수 있다. 토론토에 있는 방주공동체의 일원이 되기 전 하버드 대학에 교수로 있을 때 나우웬의 경험이 그러하였다. 그는 다음과 같이 고백하였다.

"나이 오십이 되어 인생의 절반을 살았음을 자각한 나는 나이가 들면서 예수와 가까워졌는가? 25년을 신부로 사역해 온 나는 지금 진실하게 기

4 Henri. J. M. Nouwen, *In the Name of Jesus* (New York: Crorrroad, 2001), 17.

도하지 못하며, 다른 이들로부터 소외된 삶을 살고 있고, 마음은 온통 여러 가지 문제들로 신경 쓰고 있는 자신을 발견하게 되었다. 모두가 나를 성공한 사람이라고 말하지만 그러한 성공이 나를 위험에 빠뜨리고 있음을 나는 내면으로 느끼고 있다. 이 첫 번째 유혹을 받아들여 눈에 보이는 현실적인 문제에 우선순위를 두고 사는 것은 너무나 쉬운 일임을 경험한다. 그러나 그 결과는 너무나 허무한 경우가 많다. 겉으로는 자신만만하게 살고 있지만 점점 더 많은 사람이 심각한 윤리적, 영적인 질병을 어디서부터 치료받아야 될지 모른 채 고통당하고 있는 것을 보게 된다.''[5]

이러한 세대에 기독교인들은 '성공의 허상 밑바닥에 깔려있는 고뇌에 관심을 가지고 그곳에 예수의 빛을 비추려는 영적인 노력'이 필요하다.

나우웬은 "우리가 현실적인 유혹에 지배되지 않고 하나님의 사랑의 지식에 머물고자 한다면 우리는 늘 하나님의 임재 안에 거하는 훈련이 필요하다"고 말한다.[6] 특히 나우웬은 관상기도의 중요성을 강조한다. 우리 자신을 비우고 하나님 외에는 아무것도 구하지 않는 더 깊은 하나님의 임재 속으로 들어가는 훈련이 필요하다. 그것은 새롭게 하나님과 만나는 관상의 삶이다. 눈에 보이는 현실에 지배되기 쉬운 우리에게 지속적인 영적 훈련은 쉬운 일이 아니다. 그러나 우리에게 참된 영적 전환이 필요하다면 우리는 날마다 현실 지향적인 삶에서 기도로 나아가야 할 것이다.

---

5 위의 책, 22.
6 위의 책, 28.

(2) 명예에 대한 유혹Temptation to be Spectacular

마귀가 예수를 두 번째로 시험한 것은 "성전 꼭대기에 세우고 가로되 네가 만일 하나님의 아들이어든 뛰어내리라"(마 4:5~6)는 유혹이었다. 나우웬은 이것을 개인주의, 또는 스타의식에 대한 유혹이라고 말한다. 유명해지려고 하는 유혹은 안목의 정욕과 이생의 자랑에 관련된 유혹이다. 인간의 욕심은 한이 없다. 특별히 고생을 많이 하고 성공에 지나치게 몰두하는 사람은 나만 생각하고 내가 채워지지 않으면 다른 사람의 필요를 보지 못한다. 필자 역시 목회를 하면서 사람들의 칭찬에 나 스스로 자유하지 못하다는 것을 깨닫게 되었다.

나우웬이 "나는 설교를 하고 상담하고 목회하는 데 뛰어난 능력을 가진 이로 여겨지고 있었다. 모든 질문에 대답할 수 있고, 문제에는 해결책이 있고, 아픔에는 약이 있는 것처럼 사역했다"[7]고 말하였다. 이렇듯 사람들에게 인정받고 자기를 나타내기 원하는 것이 인간의 본성이다. 그러나 필자가 목회하면서 회중들로부터 들었던 가장 많은 비판은 "목사님이 모든 것을 독단적으로 한다"는 것이었음을 기억한다.

지도자는 비전을 제시할 수 있어야 하고 정직한 성품과 갈등을 처리할 수 있는 능력을 가지는 것이 대단히 중요하다고 생각한다. 특별히 목회자의 역할은 "성도를 온전하게 하며 봉사의 일을 하게 하며 그리스도의 몸을 세우려 하심이라 우리가 다 하나님의 아들을 믿는 것과 아는 일에 하나가 되어 온전한 사람을 이루어 그리스도의 장성한 분량이 충만한 데까지"(엡 4:12~13) 이르도록 하는 것이다.

---

7 위의 책, 35~36.

개인주의나 스타의식의 유혹에서 벗어나기 위해서는 상호보완적인 섬김의 리더십을 실천하는 것이 중요하다. 특히 세상 정욕을 피하고 성육신의 삶을 살게 하는 고백과 용서의 훈련과 공동체 안에서 함께 사는 훈련이 필요하다. 우리 주변 기독교 공동체에 많은 갈등이 있지만 스스로 잘못되었다고 고백하는 사람을 보기가 쉽지 않다. 많은 사람이 교회보다도 AA(단주모임) 같은 치유 모임을 통해 고백과 죄의 용서가 갖는 치유의 능력을 체험하는 것을 보게 된다. 알코올 중독자나 마약 중독자들도 자신의 무력함과 통제불능의 상태를 고백하고 하나님의 능력을 믿고 그분께 자신의 삶을 맡기고, 삶을 검토하고, 자신의 행위에 대해 책임지고, 날마다 훈련한 정직과 겸손, 사랑과 신뢰를 실천할 때 봉사의 단계로까지 나아가는 것을 보게 된다. 이 유명세에 대한 마귀의 유혹을 물리칠 수 있는 것은 자신을 버리고 섬기는 자로 오신 예수를 따르는 삶을 살 때 비로소 참된 예수의 제자가 될 수 있을 것이다.

(3) 권세에 대한 유혹Temtation to be Powerful

예수가 마귀에게 받은 세 번째 유혹은 "지극히 높은 산으로 가서 천하 만국과 그 영광을 보여 이르되 만일 내게 엎드려 경배하면 이 모든 것을 네게 주리라"(마 4:8~9)는 유혹이었다. 이것은 권세에 대한 유혹이다. 우리 주변에 지도자가 되고자 하는 사람들을 보면 그것이 소명 때문인 경우도 있지만, 권세에 대한 야망이 그 밑바닥에 잠재해 있음을 보게 된다. 인간은 지속적으로 힘이 있는 자가 되고자 하는 본성이 있다. 필자는 중요한 결정을 내리기 전에 하나님 앞에 참고 기다리지 못하고 내 뜻이 종종 앞설 때가 있음을 경험한다. 그것도 나 자신이 무슨 일을 하든 내 뜻대로 해 보겠다는 힘Power에 대한 유혹임을 깨닫게 된다.

나우웬은 "하나님을 사랑하기보다는 하나님 되기가, 사람들을 사랑하기보다는 사람들을 지배하기가, 삶을 사랑하기보다는 원하기가 쉬운 듯하다"[8]고 말한다. 야고보서 4장 17절에 "선을 행할 줄 알고도 행치 아니하면 죄니라"고 했는데 인간이 가지는 근본적인 죄가 인간이 하나님의 자리에 서고자 하는 힘에 대한 유혹이다.

현실의 삶에서 기도하는 삶으로, 유명해지려는 유혹에서 회개와 용서를 동반한 공동체적인 삶으로, 권세에 대한 유혹이 닥칠 때 하나님이 우리를 어디로 인도하기 원하는지 확실히 분별할 수 있는 예수의 마음에서 나오는 신학적 성찰, 또는 영적인 체계화Spiritual Formation가 필요하다. 시대를 바로 볼 수 있는 견고한 신학적 성찰이 없다면 우리는 직업적인 사역자들이 될 수밖에 없을 것이다.

지도자의 영성을 위한 나우웬의 제언을 정리하면 다음과 같다.

주제	유혹	질문/과제/도전	훈련
현실지향에서 기도로	현실적이 되라	네가 나를 사랑하느냐?	묵상 기도
유명세에서 목회로	멋있게 보이라	내 양을 먹이라	고백과 용서
인도하는 자리에서 인도 받는 자리로	힘이 최고다	다른 사람이 너를 데려갈 것이다	신학적 성찰

8 위의 책, 59.

제4부

미래교회를 위한 꼼꼼한 대안

우리 각자의 가장 깊은 본질은 사랑입니다. 우리는 본래 하나님의 이미지로 만들어졌기에 만일 하나님이 사랑이시라면, 나는 사랑입니다. 그리고 당신도 사랑입니다. 모든 피조물은 사랑입니다.

– 고든 코스비

1.

한국교회 미래목회의 방향

코로나19 이후 위기 가운데 있는 한국기독교 공동체의 대안을 제시할 수 있는 비전을 어디에서 찾을 것인가? 그것은 참된 기독교 공동체의 모습을 회복하는 일로부터 시작되어야 할 것이다. '새로 쓰는 세이비어 교회 이야기'를 통하여 영성과 삶 사역의 철저한 균형을 공동체를 통해 실현하는 것을 강조하는 초대교회의 신앙정신을 오늘에 구현하는 것이 '한국교회 희망 찾기'의 근원이다. 이때 교회 공동체가 온전히 변화되고 성화되어 감으로 그 변화된 모습이 마침내 하나님 사랑, 이웃 사랑으로 나타나게 하는 "섬김의 영성"이 바로 한국교회 희망의 방향성이다.

그것은 바로 '하나님 얼굴을 가진 교회'의 추구와 '하나님의 비전'에 응답하는 교회 생명력이야말로 '교회의 희망 찾기'의 출발점이자 목적이 되어야 할 것이다.

2008년부터 세인트폴신학교Saint Paul School of Theology의 '웨슬리의 영성과 교회 갱신'Wesleyan Spirituality and Church Renewal 프로그램의 목회학 박사 과정에 지도교수로 참여하여 3년에 1회씩 영국 웨슬리 성지와 독일, 체코의 종교개혁 성지들을 방문하였다.

필자는 지난 2008년부터 세 차례 학생들과 여름방학 기간에 두 주간씩 영국을 방문하였다. 18세기 신앙운동을 통해 영국을 일깨웠던 존 웨슬리의 위대한 족적을 보며 큰 감동을 받았다. 가는 곳마다 그를 기념하는 교회들과 조형물들과 관련된 서적들, 기념품들을 판매하고 있는 것을 볼 수 있었다. 물론 그곳에서 좋은 사람들을 많이 만날 수 있었지만 정작 웨슬리가 가졌던 엄청난 영향력이나 열정을 가지고 있는 교회는 찾아보기 힘들었다. 영국 감리교회는 6천 개 정도 되는데 목회자는 2천 명이고 교인은 30만 정도다. 그런데 젊은 사람들은 거의 볼 수 없는 형편이었다. 이것은 위기 가운데 있는 한국교회의 미래를 생각하고 고민하는데 의미 있는 예표가 된다고 생각한다.

이 사실은 웨슬리의 경우만은 아니다. 웨슬리와 같은 예는 영적인 삶을 포함한 모든 인생사에 일반적으로 나타나는 경향이다. 즉 어떤 전문 분야나 사업과 관련된 분야, 혹은 정치 지도자나 교육, 예술 분야에도 동일하게 나타나는 패턴이라고 할 수 있다.

필자가 사역했던 기독교 대학을 포함한 어떤 기관들도 일을 처음 시작했던 사람이 가졌던 비전이나 열정과 조금씩 차이를 보이게 되고, 결국은 오래지 않아 그 기관이나 사역이 쇠퇴하거나 새로운 비전을 제시하게 되는 것을 보게 된다. 그렇다면 하나님의 비전을 잃어버리는 것은 필연적으로 일어날 수밖에 없는 일인가? 단순히 거부할 수 없는 현상인가? 답은 '그렇지 않다' 이다. 물론 많은 사람이 비전을 잃어버리기도 하지만 비전을 세우고 추구하는데 능한 이들도 있다.

초대교회 사람들은 그들이 따랐던 그 거룩한 비전을 다음 세대에게 전달하는 일에 있어 성공을 거두었다. 그것은 전혀 새로운 현상이 아니었다. 구약에 나오는 여호수아와 엘리사는 그들의 스승(모세와 엘리야)이 따랐던 하나님을 똑같이 따랐고 결과적으로 그들의 삶 가운데 같은 정신을 가졌던 제자들의 모범을 보여주고 있다.

기독교 공동체 운동의 역사를 통해 보면 그것은 위기와 새로운 공동체 운동Crisis and New Community의 연속이라고 할 수 있다. 시대마다 기독교는 위기가 있었지만 기독교가 가진 근본 열정과 정신을 세대에 걸쳐 갱신했던 예들을 살펴볼 수 있다.

로욜라와 예수회, 마르틴 루터와 종교개혁, 조지 폭스와 퀘이커교도, 모라비안 형제회, 그리고 웨슬리의 감리교 운동 등이 그것이다. 이 외에도 교회 역사에 잘 알려지지 않은 다른 경우들이 있다는 것은 의심의 여지가 없다. 이러한 예시에서 볼 수 있듯이 하나님의 비전을 지속하는 것은 가능하다. 물론 그에 대한 답은 단순한 개념이지만 그것을 실행하는 것은 여간 어려운 일이 아니다.

그렇다면 하나님의 비전이 계속되기 위해서는 우리 마음의 최대 관심사가 하나님 사랑, 곧 영성의 회복으로부터 시작되어야 한다. 이것이 우리 삶에서 기쁨 가득한 목적이 되어야 한다. 이것이 바로 예수님께서 첫 번째 계명을 다음과 같이 말씀하셨던 이유인 것이다.

> "네 마음을 다하고 목숨을 다하고 뜻을 다하고 힘을 다하여 주 너의 하나님을 사랑하라 하신 것이요."(막 12:30)

이것이 우리가 지켜야 할 가장 중요한 명령이다. 이것은 우리가 반드시 해야만 하고, 또한 할 수 있는 것이기도 하다. 만약 우리가 이것을 지키려고 결심한다면, 어떻게 할 수 있는가에 관해서도 배울 수 있을 것이다. 하나님께서 우리를 도와주실 것이고, 우리는 실제적인 삶과 사역을 통해서 그것을 실천할 수 있을 것이다.

결국 지속적으로 하나님의 비전 안에 사는 삶을 살기 위해서는 모든 것은 우리의 마음과 정성, 그리고 힘을 다해 하나님을 사랑하는 것으로부터 시작되어야 하고 그 일이 우리의 소명Calling이 되어야 한다.

2.
미래목회의 핵심 소그룹 사역

1) 초대교회적 소그룹의 비전

목회데이터연구소(지용근 대표)의 〈통계로 보는 코로나 이후 한국 사회와 교회 변화〉자료[1]에 의하면 코로나19 상황 가운데 '소그룹 사역'이 건강한 교회는 전반적인 사역에 큰 영향을 받지 않았다고 한다.

16세기 마르틴 루터의 종교개혁이 율법화 되며 그 반동으로 일어난 운동이 17세기 경건주의 운동이다. 경건주의에 나타난 공통적인 특징이 '교회 속의 작은 교회' '공동체로서의 교회추구'라고 할 수 있다. 교회사 속에서 기독교의 본질을 추구한 공동체 운동은 종교개혁 이전까지는 주로 제도권 교회 밖에서 일어났으며, 경건주의 운동 이후 주로 제도권 교회 내에서 일어나게 되었다.

공동체로서의 교회의 모델은 초대교회의 예루살렘 공동체이다. 당시 예루살렘 공동체는 예수님의 제자들이 포함된 120문도와 그들의 전도

1 지용근, '통계로 보는 코로나19 이후 한국사회와 교회의 변화', 목회데이터연구소, 2020.6.25.

로 회개한 1만여 명의 공동체 회원들이 있었다. 그들은 재산을 유무상통하는 공동체를 실천하였다(행 2:44~45, 4:32~35). 그들은 한 집에 모여 사는 형태가 아니라 소그룹 형태로 각자 자신들의 집에 살면서 성령의 역사로 자연스럽게 물질과 영육 간의 교제를 나눈 형식이었다. 즉 예루살렘 도시 전체에 걸쳐 형성된 도시 공동체 형태였다.

이러한 초대교회의 예루살렘 공동체의 삶은 이후 모든 그리스도인 공동체의 모델이 되었다. 그러므로 공동체란 교회의 본질이며 산상수훈의 철저한 제자도를 구현하는 삶의 실천방식이라고 할 수 있다.

성경을 살펴보면 사도행전 2장과 4장 이후에도 초대교회 공동체의 역사가 여러 방면으로 지속되었다는 것을 알 수 있다. 모든 것을 공동으로 소유하고 각 사람의 필요를 따라 나누어 그중에 가난한 사람이 없게 되는 획기적인 공동체가 형성되었다(행 2:37~47). 공동체성의 핵심은 소유를 가난한 이웃과 나누고자 하는 태도의 변화였다.

이 시대 교회는 무엇보다 공동체성을 지닌 교회의 모습으로 회복해야 한다. 교회는 개인의 영혼 구원만을 위한 곳이 아니라, 사회적 책임을 감당하며 세상의 구원을 위한 공동체로서 이웃의 필요와 고통에 동참하는 교회가 되어야 하기 때문이다. 이러한 교회의 공동체성을 실천할 수 있는 가장 중요한 도구가 소그룹이라고 할 수 있다.

2) 교회 내 소그룹 사역공동체

『세이비어교회-실천편』[2]에서 소개한 바와 같이 세이비어교회가 추구하는 미션그룹 모델은 동 종류의 사람들이 모인 소그룹Homogeneous Group에서 인종, 계층 간의 다양성과 화해, 그리고 하나님의 정의 실현을 목표로, 다양성을 강조하는 그룹Diverse Group이다. 2002년 고든 코스비 목사가 있는 지역의 목사 15명을 초청하여 '진정한 교회를 향하여' Toward the Authentic Church라는 과정을 통해 성경적인 소그룹 모임의 원형에 대해 함께 탐구하는 모임을 가졌다. 세이비어교회는 창립 때부터 소외자 사역에 관심 있는 사람들을 중심으로 성경적인 교회는 좀 더 다양한 사람들이 중심이 되는 교회가 되어야 한다는 것을 기치로 삼았다. 알코올 중독자 치유를 위한 단주모임의 12단계 치유 프로그램을 통해 깊은 통찰력을 얻은 소그룹 미션그룹의 핵심 철학은 6가지이다.

① 참된 교회는 사랑이신 하나님의 외적 표현이 되어야 한다.
② 참된 교회는 예수님을 온전히 따른다.
③ 참된 교회는 다양성이 존재한다.
④ 참된 교회는 화해의 사역을 중요하게 여긴다.
⑤ 참된 교회는 자기 삶의 범주 밖에 있는 사람과도 함께 삶을 나눈다.
⑥ 참된 교회는 하나님의 정의를 구현한다.[3]

구체적으로 교회 안의 핵심적인 사역인 소그룹 사역에 온전히 헌신

---

2 유성준, 『세이비어교회-실천편』(서울: 평단출판사, 2006)
3 위의 책, 27~31.

하기 위해서 '변화, 증거, 양육, 활동'의 네 가지의 실제적인 목표를 정하였다.[4]

① 변화 - 이 소그룹 공동체의 가장 중요한 목적은 예수 믿고 변화되도록 양육하는데 있다.

② 증거 - 진정한 그리스도인이 되기 원한다면 우리는 그리스도의 증인이 되어야 한다. 결국 이 능력은 변화된 개인을 통해 우리가 살고 있는 사회를 변화시키는 능력이다.

③ 양육 - 교회는 기독교 공동체에 관심이 있거나 그러한 것에 목말라하는 사람들을 양육할 수 있는 길잡이가 되어야 한다.

④ 활동 - 고통받는 이들이 치유 받을 수 있도록 일반적인 봉사활동이 아니라 그리스도인으로서 활동할 수 있도록 안내한다.

세이비어교회는 이상과 같이 네 가지 영역을 교회와 소그룹 미션그룹의 본질로 삼고 있다. 물론 네 가지 철저한 헌신을 요구하는 단체에 소속된다면 부담을 느끼게 되겠지만 주님 앞에 신실한 모임이라면 이 네 가지 영역에 충실해야 한다는 것이다.

세이비어교회의 소그룹 미션그룹은 ① 삶의 나눔Sharing ② 돌봄Caring ③ 세움Building 그리고 ④ 사역Ministering을 포함하는 기존교회의 소그룹보다 급진적이고 체계적으로 발전된 모습이라고 할 수 있다.

---

4 유성준, 『미국을 움직이는 작은 공동체, 세이비어교회』, 169-174.

소그룹 공동체에 통찰력을 주는 12단계 단주 치유 프로그램

1. 단주Alcoholic Anonymous 모임의 소그룹 적용

소그룹을 통해 영적 협력과 성장을 추구하는 소그룹의 새로운 시도에 대해서는 알코올 중독자들을 위한 단주모임 12단계 치유 프로그램이 깊은 통찰력을 주고 있다. 알코올 중독자들을 위한 단주 12단계는 중독자만이 유익을 얻는 것이 아니다. 12단계에 담겨 있는 영적 지혜는 삶과 사역에 변화를 원하는 어느 개인이나 공동체에도 적용할 수 있다.

12단계는 네 부분으로 나누어 생각할 수 있다. 처음 세 단계는 하나님과 우리의 관계를 평화롭게 해줄 기초를 쌓는 데 초점을 둔다. 그 다음 네 단계는 우리가 우리 자신과 평화하기 위한 기초를 쌓는 데 초점을 둔다. 8~10단계에서는 타인과 우리의 관계에서 더 큰 평화를 누릴 수 있는 방법을 보여준다. 마지막 두 단계인 11~12단계에서는 앞서 실천한 단계들의 결과로 경험하게 된 평화를 유지하는 것에 집중한다.[5]

위기 가운데 있는 한국교회가 12단계를 실제적인 사역에 적용할 때 영적 갱신의 중요한 도구가 될 것이다. 헨리 나우웬은 교회 지도자들이 세속화되어 권세욕이나 명예욕에 빠지는 유혹을 극복하기 위해서는 단주모임 1단계에서 강조하는 시인과 수용, 다시 말해서 고백과 용서의 훈련이 필요하다고 제

---

5 헨리 나우웬, 『예수님의 이름으로』(서울: 두란노, 1998), 49.

안한다. 죄의 고백과 용서는 형식적인 영성화와 세상 정욕을 피하고 진정한 성육신의 삶을 살게 하는 훈련이다. 죄를 고백할 때 어둠의 세력이 축출되고 육체와 영혼의 새로운 통합이 가능해진다.[6] 오늘날 영적 지도자들이나 교회의 문제는 자신과 대면하는 진실한 죄의 고백과 용서가 없기 때문이다.

알코올 중독자들이 단주 12단계 치유과정을 심각하게 받아들이고 적용할 때 영적으로 전환되어 봉사의 단계로까지 나아갈 수 있다면 이 원리는 한국교회 지도자들과 특별히 삶의 나눔이 가능한 어느 소그룹 공동체에든지 적용할 수 있는 통찰력을 줄 것이다.

2. 단주모임 12단계

1단계: 시인 및 수용

"우리는 알코올에 무력했으며, 우리의 삶을 수습할 수 없게 되었다는 것을 시인했다."

단주를 위한 첫 번째 단계는 자신의 상태를 인정하고 수용하는 것이다. 깊숙이 뿌리내린 음주에 대한 의존성을 벗어날 수 없게끔 하는 의존적인 생각에서 해방되어야 한다. 그러기 위해서는 스스로 술을 독약으로 인식해야 한다. 그동안 내가 저질렀던 수치스러운 일들과 악화된 상황을 하나도 빠짐없이 검토하여 나의 왜곡된 생각을 바로잡아야 한다. 검토를 마쳤다면 그 내용을 지속적으로 시인해야 한다.

6 데일 & 후아니타 라이언, 정동섭 역, 『영적 성장의 사다리』 (서울: 죠이선교회, 2006), 12.

2단계: 확신

"우리보다 위대하신 힘이 우리를 본정신으로 돌아오게 해주실 수 있다는 것을 믿게 되었다."

2단계에서는 나의 의지력에는 한계가 있음을 깨닫고 전지전능하신 하나님을 받아들이고 하나님께서 고쳐 주실 것이라는 확신을 갖고 모든 것을 맡기겠다는 결심을 해야한다. 하나님을 부정하는 무신론적 자세에서 벗어나 마음 깊숙이 하나님을 받아들이고 진심으로 회복되기를 믿어야 한다. 지금 바로 내 마음속에 하나님을 받아들이겠다는 결심과 하나님께서 회복시켜 주신다는 확신이 필요하다.

3단계: 하나님께 기꺼이 맡김

"우리가 이해하게 된 대로, 하나님의 돌보심에 우리의 의지와 생명을 맡기기로 결정했다."

3단계에서는 나의 모든 것을 하나님께 맡겨야 한다. 즐거운 일, 슬픈 일, 좋은 일, 나쁜 일, 행복한 일, 불행한 일 등등 나에게 일어나는 매일매일의 모든 일을 하나님께 맡기며 기도해야 한다. 이젠 나의 생각과 판단으로 하려던 모든 것을 멈추고 하나님께 맡기도록 노력해야 한다. 나의 생명까지도 기꺼이 맡길 확고한 결정을 내려야 한다.

4단계: 마음의 상처를 검토함

"두려움 없이 우리 자신에 대해 도덕적으로 검토했다."

4단계에서는 그동안 마음속에 억눌려왔거나 숨겨온 감정을 정직하고 두려움 없이 검토하는 단계이다. 그리고 그때그때 마음속에 일어나는 감정을 건전한 방법으로 해결하지 못하고 술로 해결하려 했거나 도피해 버렸던 것을 앞으로는 건전한 방법으로 조금씩 바꾸어 가는 단계이다. 우리 속에 억눌려진 감정(분노, 증오심, 원한, 죄의식, 두려움, 자기연민, 열등감 등)을 진실하고 두려움 없이 검토한다는 것은 대단한 용기가 필요하다.

5단계: 고백

"우리의 잘못에 대한 정확한 본질을 하나님과 자신에게, 그리고 다른 사람 앞에서 시인했다."

4단계에서 검토한 감정을 고백하는 단계이다. 먼저 자신에게 정직해야 한다. 자신의 상태를 인식하고 자기가 드러내고 싶지 않은 수치스러운 부분까지도 용기 있게 자신과 동료들에게 드러내야 한다. 믿고 이야기할 수 있는 전문 상담인과 상담한다면 회복하는 데 큰 도움을 얻을 수 있다. 그리고 하나님께 다시 한 번 자신의 잘못을 고백하며 도우심을 구한다. 한두 번 한다고 마음의 상처가 다 치유되고 마음의 그릇이 커지는 것은 아니다. 할 수 있는 한 계속해야 한다.

6단계: 성격 검토

"하나님께서 이러한 모든 성격상 결점을 제거해 주시도록 완전히 준비했다."

성격적 결함을 찾아내어 하나님께 맡기고 구습에서 벗어나 새롭게 태어나기를 간절히 구하는 단계이다. 이 단계에서 많은 사람들이 주춤거리며 변할 수 없다고 부정해 왔다. 물론 이미 굳어진 성격이 완전히 바뀌기는 힘들다. 그러나 분명한 것은 우리가 믿음으로 하나님께 맡기고 간절히 기도하면 대부분 서서히 변화된다는 것이다. 그러기에 변화를 두려워하지 말고 하나님께 맡기며 위의 단계들에서 발견된 결점을 보완하도록 준비하는 과정이 필요하다.

7단계: 단점 없애기

"겸손하게 하나님께서 우리의 단점을 없애 주시기를 간청했다."

6단계에서 파악한 성격상의 장단점 중에서 많이 나타났던 단점을 제거하는 과정이다. 중독자들은 알코올 중독이 진행되면서 장점은 잘 드러나지 않고 단점만 나타나기 때문에 성격상 결함만 보이게 된다. 이제 우리는 자신의 단점을 두려움 없이 내어놓고 겸손하게 자신을 받아들이고 하나님께 고쳐 달라고 간원해야 한다. 자신을 용기 있게 받아들이고 인정하여 단점은 하나하나 제거하고 자신의 독특한 장점은 다시 살려 더 많은 장점을 계발해야 한다.

8단계: 보상 목록 작성

"내가 해를 끼친 모든 사람의 명단을 만들어서 그들 모두에게 기꺼이 보상할 용의를 갖게 되었다."

알코올 중독자는 음주 기간 동안에 육체적, 정신적, 영적으로 많은 피해를 입는다. 물론 1단계에서 이러한 피해를 알았지만 8단계에서 다시 상세하게 검토해야 한다. 나의 부모님께, 배우자에게, 자식들에게, 형제들에게 어떠한 피해를 주었으며 얼마나 많은 상처를 입혔는지 상세히 검토해야 한다. 철저히, 용기를 갖고 검토하고 수용해야 한다. 우리의 가족들이 얼마나 많은 상처를 안고 있는지 현실을 직시해 보라.

9단계: 보상

"어느 누구에게도 해가 되지 않는 한, 할 수 있는 데까지 어디서나 그들에게 직접 보상했다."

8단계에서 보상할 목록을 상세히 검토하고 작성하였다면 진심으로 보상할 마음을 가지고 임해야 하고 상대방의 감정을 상하지 않는 한에서 보상해야 한다. 첫 번째, 출발점은 자신이다. 자신을 지극히 사랑하라. 그리하여 자존감을 높이라. 그리고 건강을 보상해 주고, 상처받아 딱딱해진 마음 밭을 부드럽게 만들고, 왜곡된 사고방식을 바로잡아 지금까지 외부의 조그마한 자극에도 예민하게 반응하던 나 자신을 여유 있게 받아들일 수 있는 그릇으로 만들어가야 한다. 두 번째, 가족에게 보상하는 것은 너무 조급하게 서두르지 말고 서서히 해나가라. 그동안 못 해준 것을 한꺼번에 하려다가는 더 큰 실망만 안겨 줄 뿐이다. 보상의 첫 단계는 단주이다. 술을 마시지 않고 술 때문에 그들에게 끼쳤던 손실을 멈추는 것이 최상의 보상이다. 물질로 일시적인 보상을 하려는 것은 위선이고 자기기만일 뿐이다. 세 번째, 다른 사람들에게 빚진 것이 있다면 갚고, 갚을 능력이 안 된다면 솔직히 자신의 상황을 정확하게 말하여 이해시키고, 용서받아야 할 부분이 있다면 용서를 빌어야 한다. 그렇지 못하면 이런 상황에서 도망가기 위해 다시 술을 마시게 될 것이다.

10단계: 매일 평가 목록 작성

"인격적인 검토를 계속하여 잘못이 있을 때마다 즉시 시인했다."

10단계는 지속 단계 중 하나이다. 이 단계의 목적은 이기심, 부정직, 원한, 두려움에서 인식되었던 도덕적 결점이 아직도 매일매일 다가와 우리의 또렷한 정신에 심각한 위협으로 작용하고 있다는 것을 인식하고 즉시 중단시키는 것이다. 그리고 4단계에서 검토되지 못한 부분을 보완하는 단계이다. 매일 평가 목록을 작성하고, 자기 잘못을 즉시 시인하여 언제, 어디서, 어떤 방법으로 우리에게 다가올지 모르는 음주 충동에서 벗어나야 한다.

11단계: 기도와 명상

"기도와 명상을 통해서 우리가 이해하게 된 하나님과 의식적인 접촉을 증진하려고 노력했다. 그리고 우리를 위한 그의 뜻을 알도록 해주시며, 그것을 이행할 수 있는 힘을 주시도록 간청했다."

이 단계는 아직까지 하나님과의 관계가 미숙하고 정립되지 않은 마음을 확고하게 하나님과 일치시켜 하나님의 뜻이 무엇인지를 깨닫고 하나님과 영적인 관계를 발전시켜 나가는 것이다.

첫째, 하나님께서 우리에게 강력하게 바라시는 것은 단주이다. 둘째, 기도를 생활화하라. 셋째, 이타적인 기도를 많이 하라. 넷째, 깊은 묵상(명상)을 하라. 묵상을 통해 내 마음속에 꿈틀거리고 있는 것이 무엇인지 알아내고 어떤 감정의 잔재가 아직도 작용하고 있는지 찾아내어 하나님께 맡기고 기도를 통해 치유를 받아야 한다. 다섯째, 가벼운 묵상을 많이 하라. 일하는 중에도 잠깐 심호흡을 하며 가볍게 묵상하라. 가벼운 묵상은 우리에게 휴식을 주며, 마음을 안정시켜 준다. 그리고 묵상을 더 발전시켜 하나님과 더 많은 대화를 나누고 하나님의 깊은 뜻을 깨닫도록 하라.

12단계: 실천과 봉사

"이런 단계를 따른 결과, 우리는 영적으로 각성되었고, 알코올 중독자들에게 이 메시지를 전하려고 노력했으며, 일상의 모든 면에서도 이러한 원칙을 실천하려고 했다."

마지막 단계에서는 단주의 각 단계를 생활화하기를 권고한다. 단주 12단계는 행동철학이다. 12단계 첫째는 단주 전 단계들을 매일 생활화하여 우리의 성격적 결함을 제거하고 영적 각성을 얻는 것이다. 12단계는 영적 원리가 없다면 아무런 의미가 없다. 단주를 위해서는 영적 각성 속에서 성격이 변화되어야 한다. 아직도 하나님을 받아들이기를 거부하며 영적 각성을 인정하지 못한다면 영원히 중독에서 벗어날 수 없을 것이다.

둘째, 봉사와 메시지 전달이다. 우리는 자신이 처음 단주를 시작할 때 어려웠던 상황을 생각하고 겸손한 마음으로 봉사하고 메시지를 전해야 한다. 봉사는 이기심을 없애 주고 자신이 처음 단주할 때의 어려웠던 마음을 잊지 않게 해주며 더 강한 의지를 실어 준다.

『목자의 마음』(서울: 두란노, 2020)

최영기 목사(휴스턴서울침례교회)의 저서인 『목자의 마음』은 소그룹 사역에 중요한 통찰력을 주는 실천적 안내서이다. 그는 초대교회(신약교회) 모델의 핵심이 소그룹이었다고 정의하면서 네 기둥을 제시하는데, ① 교회의 존재 목적은 영혼구원하여 제자 삼는 것이다. ② 진정한 제자는 가르쳐서가 아니라 보여줌으로써 세워진다. ③ 교회에서 목자와 성도의 사역은 성서적으로 분담되어야 한다(엡 4:11~12). ④ 주님이 원하시는 리더십은 종이 되는 서번트 리더십이라고 정의한다.

그리고 역동적인 소그룹이 되기 위해서는 3가지 축이 필요한데, ① 감성을 터치하는 소그룹 모임 ② 복음과 그리스도의 삶에 정보를 제공해주는 성경공부(훈련과정) ③ 결단과 결심을 끌어내는 주일예배라고 강조한다. 나는 이것이 어떤 규모 형태의 소그룹이든 꼭 필요한 요소라고 생각한다.

일반적인 교회의 소그룹들이 지역이나 같은 부류의 사람들이 모인 소그룹이라고 한다면 소그룹 미션그룹은 특별한 부르심에 응답한 한 명, 혹은 소수의 핵심적인 사람들에 의해 시작되는 소그룹이다. 사역공동체는 둘, 혹은 셋부터 열두 명까지로 구성된 소그룹으로 어떤 특정한 사역에 관심 있는 소명을 받은 사람들이 사역을 위임받아Empowerment 준비하고 실천하는 소명공동체, 각자의 소명을 분별하고 그 소명을 따라 구성되는 소그룹이라고 할 수 있다. 궁극적인 사역의 목표는 특정 도움을 필요로 하는 사람들에게 소그룹을 통해 필요한 곳에 실제석으로 도움을 주는 일이다.

일반적인 교회에서도 소그룹 사역을 위해서는 헌신 된 리더들에게 양육 사역을 위임할 수 있는 구조를 준비하는 것은 대단히 중요하다고 깨닫게 된다. 만약에 교회가 그러한 구조가 없다면 목회자부터 소그룹 사역에 헌신해야 된다. 23년의 이민목회와 16년의 대학선교의 경험을 통해 깨달은 것은 헌신 된 소그룹 사역을 위해서 사역을 소그룹 중심으로 단순화하는 것이 필요하고 철저한 준비과정과 훈련과정이 요구된다는 것이다. 교회가 어려운 시기, 특별히 코로나19 상황에서 헌신된 소그룹은 미래목회의 매우 중요한 요소이다.

3.
소그룹 사역공동체의 실제적인 적용 모델

지난 40여 년 사역하며 경험한 소그룹 사역의 실제에 대해 소개하고자 한다. 삶의 나눔, 돌봄, 세움, 실제적인 사역의 소그룹 미션그룹의 사역원리를 각자의 교회에 적용점을 모색하길 바란다. 소그룹이 교회의 사역까지 담당하는 다소 급진적인 '소그룹 사역공동체의 실제적인 적용 모델'이 코로나19 이후 각 교회마다 상황에 맞게 구체적으로 적용되기를 기대한다.

1) 소그룹 사역공동체의 내용: 사역공동체가 형성되기 위하여 필요한 것

(1) 목회자의 확신

(2) 소그룹 사역공동체의 필요성에 대한 확신이 있어야 한다. 소그룹 중심으로의 사역의 전환이 필요하다.

'소그룹 사역공동체의 실제적인 적용 모델'은 세이비어교회의 미션 그룹 모델을 한국교회 상황에 적용한 모델이다.

(3) 목회자는 평신도 사역자에게 사역을 위임할 자세가 준비되어야 한다.

2) 평신도 리더들의 헌신이 필요하다

(1) 평신도 사역자가 모범이 되어야 한다.

(2) 참된 헌신은 하나님만이 가능케 한다는 확신이 필요하다.

3) 훈련 프로그램

(1) 일반 교우들을 위한 훈련과정들이 있어야 한다.

(2) 평신도 지도자를 위한 훈련과정이 있어야 한다.

(3) 교회의 조직과 모임은 소그룹 사역공동체 중심으로 조정되어야 한다.

4) 소그룹 사역공동체의 조직 원칙

(1) 인원은 5~12명으로 서로 삶을 나눌 수 있는 인원이 적당하다.

(2) 의도적으로 다양한 배경을 가진 사람들로 구성한다.

5) 소그룹 사역공동체의 직책

모든 회원이 사역을 담당할 수 있도록 각자의 은사에 따라 사역을 맡길 수 있을 것이다. 예를 들면 인도자, 선교, 행정, 재정, 연합사업, 친교, 음악담당 등을 둘 수 있을 것이다.

소그룹 리더의 임무

(1) 구성원들의 영적 성장과 모임의 전반적 운영을 책임진다.

(2) 매 주일 있는 정기 훈련에 참석한다.

(3) 새로운 사람이 자신의 소그룹에 들어오면 후원 교인을 정하고 정식교인으로 등록할 때까지 책임지고 돌본다.

리더의 사역

(1) 사역자의 주 사역은 회원들이 사역하도록 돕는 것이다.

(2) 회원들이 자신의 은사를 발견하도록 돕는다.

(3) 남을 섬기는 본을 보인다.

(4) 회원들을 사역자로 훈련시킨다.

소그룹 사역공동체의 모임에 기준이 될 만한 진행 안을 제시한다

(1) 각자의 삶을 나누는 것을 특별히 권장한다.

(2) 성경공부가 되지 않도록 유의한다.

(3) 궁극적인 목적은 전도와 선교에 둔다.

▮ 사역공동체의 목적

회원 간의 삶을 나누는 기회(히 3:12~13, 10:24~25)

- 성경공부, 삶의 나눔, 돌봄, 세움, 사역
- 전도와 선교의 역할(마 28:18~20)

6) 구체적인 모임 진행

- 식사와 다과: 사역공동체 사정에 따라 식사, 또는 다과를 모임 전 후에 자유롭게 조정할 수 있다.
- 생활을 나눔: 한 주간에 있었던 삶을 간증한다.
- 지난 주간 중에 있었던 일 중 가장 중요한 일을 한 가지씩 소개한다.
- 첫 모임에서는 서로를 잘 알 수 있는 질문이나 자기소개를 한다.
- 예배: 함께 쉬운 찬양을 부르고 기도한다. 찬양으로 모임을 시작해도 좋다.
- 말씀: 공과, 또는 준비된 자료를 이용한다.
- 삶을 나누는 시간적용: 인도자가 창조적으로 작용한다.
- 오늘 배운 말씀을 구체적으로 어떻게 적용할 것인가?
- 각자의 다짐
- 지난주에 했던 다짐에 대한 확인
- 신앙생활, 또는 영적 성숙에 방해되는 요소
- 영적 성숙을 위한 결단
- 위의 생활 나눔에서 나눈 문제들과 연결해서 결단

- 개인기도 제목:

  각 소그룹별로 공동 및 개인기도 제목을 작성한다.

  삶을 나누는 부분이 미약해도 기도 제목을 통해서 다시 강조할 수 있다.

- 전도와 선교:

  각 소그룹별로 전도와 선교에 동참할 수 있는 방법을 나눈다.

  전도 대상자를 정하고 명단을 작성하여 기도한다(골 4:3).

  구체적으로 선교를 위한 전략을 수립한다.

  사역을 위해 함께 기도한다.

7) 소그룹 사역공동체 기록과 보고

각 소그룹 활동을 주간마다 평가하고, 새로운 계획을 수립하며, 사역의 커뮤니케이션을 위해서 현황에 대한 기록과 보고는 매우 중요하다.

(1) 보고내용

· 소그룹 사역공동체 보고

- 사역공동체 사역자들의 개인적인 영적 생활 평가는 어떠한가?
- 한 주간 동안 사역공동체 회원들을 돌본 사역은 어떠한가?
- 전도와 선교를 위한 사역은 어떠한가?
- 교회에서 알아야 할 사항은 무엇인가?
- 심방과 기도가 필요한 사항은 무엇인가?

- 지난 한 주간 가장 잘 되었던 일은 무엇인가?

각 공동체별 상황이 다르기 때문에 상황에 맞는 구조를 만드는 것은 대단히 중요하다. 이러한 소그룹 사역의 대안적 모델Alternative Model로 세이비어교회의 소그룹 미션그룹 모델의 적용이 필요하다. 세이비어교회는 진정으로 세상을 변화시키기 위해 고도의 영적 훈련을 받은, 자발적으로 지역사회를 위해 헌신할 수 있는 소명 받은 사람들로 구성된 소그룹에 의해 다양한 지역사회의 문제에 맞는 섬김의 사역들을 감당하고 있는 것을 보게 된다. 교회가 심각한 위기의 시대에 무엇보다 바른 성경적 교회관에 근거한 사역의 철학과 전략을 세우고, 무엇보다 교회 안의 작은 교회인 소그룹 공동체들을 통해 새로운 공동체를 이루어 나가야 할 큰 도전 앞에 놓여있다고 깨닫게 된다.

4.

개인적인 영성실천을 위한 방법들

1) 기독교 영성의 정의

한국서번트리더십훈련원에서 강조하는 가장 중요한 영성의 기초는 "네 마음을 다하고 목숨을 다하고 뜻을 다하여 주 너의 하나님을 사랑하라 하였으니 이것이 크고 첫째 되는 계명이요"(마 22:37~38)라는 예수님의 말씀처럼 하나님과의 사랑의 관계다. 이것은 우리 신앙노정의 내적 여정 Inward Journey이며 영성이다. 또한 예수께서 "둘째도 그와 같으니 네 이웃을 네 자신 같이 사랑하라 하셨으니 이 두 계명이 온 율법과 선지자의 강령이니라"(마 22:39~40) 하신 말씀은 이웃과의 사랑의 관계다. 이것은 우리 신앙노정의 외적 여정 Outward Journey이며 우리의 삶과 사역을 의미하며 영성의 실제적인 나타남이다.

영성의 사전적 의미는 '종교적 가치에 붙잡혀 사는 영적인 삶의 상태'를 가리킨다. 또한 영성은 우리가 우리 속에, 그리고 주변에 계신 실제적 존재이신 하나님을 경험하고 그 경험에 응하여 우리의 삶을 형성하는 양식이다.[7] 기독교 영성은 구체적으로 ① 예수의 삶, 인격 정신을 본받아 사는 것이고 ② 나아가서 예수의 삶을 본받아 작은 예수가 되는 것이고 ③ 이를 위해 철저한 영적인 훈련에 정진하는 것이다.[8] 기독교 영성의 가장 중요한 기초는 말씀과 기도이다. 그래서 바울은 디모데를 훈련시키며 말씀과 기도로 거룩해지고 말씀과 경건에 관한 교훈에 착념하라고 하였다(딤전 4:5, 6:3).

코로나19 상황에서 집단적 영성이 제한된 시대에 개인적 영성을 위한 체계화는 시급한 시대적 요청이다. 성경 통독, 말씀 묵상, 가정예배 회복, 개인적인 봉사 생활의 참여, 개인적인 기도 생활의 활성화는 개인적인 영성 생활에 필수적이다. 특별히 전환의 시대에 영적으로 고양된 삶을 사는데 도움을 줄 수 있는 침묵기도 전통의 관상기도와 센터링 중심기도, 그리고 영성 일기 쓰기를 영적으로 고양된 삶을 위한 도구로 소개한다.

2) 관상기도를 통한 영성 훈련

필자가 관상기도를 처음 접한 것은 세이비어교회의 관상기도수련회에 참석하면서부터이다. 세이비어교회의 각 사역공동체는 1년에 한 번 3박 4일 동안 진행되는 대침묵 수련회에 의무적으로 참여한다. 그리고 수시로 에큐메니컬 전통의 샬렘Shalem Institute과 연관하여 관상기도의 전통과 실제에 대한 교육을 실시한다.

관상기도를 처음 대할 때 한국교회의 전통에서는 한 번도 본격적인 침묵기도를 드려본 경험이 없었기 때문에 낯설기도 하였지만, 고요

7 하워드 L. 라이스, 황성철 역, 『개혁주의 영성』(서울; 기독교문서선교회, 1995), 58.
8 오성춘, 『영성과 목회』(서울: 장로회신학대학교 출판부, 2000), 47.

한 가운데 말씀을 묵상하며 주님과 대면하며 가졌던 침묵기도의 시간은 통성기도에 익숙해져 있는 나에게는 또 다른 영적 경험이었고, 한국 개신교 미래의 영성에 크게 공헌할 수 있는 중요한 기도의 방법임을 깨닫게 되었다.

관상기도의 이해

오늘날 한국교회에 새롭게 조명되는 관상기도Contemplative Prayer는 헬라어 테오리아theoria에서 비롯되었다. 테오리아라는 말은 본다는 뜻이다. 이 말은 관상기도가 하나님을 보는 기도라는 뜻이다. 예수의 산상수훈 중 "마음이 청결한 자는 복이 있나니 저희가 하나님을 볼 것임이요"라는 말씀에서 유래하였음을 알 수 있다. 요한복음에서는 주께서 "하나님 아버지를 볼 수 없지만 나를 본 자가 곧 아버지를 본 것"이라는 말씀으로 하나님을 보는 길을 가르쳐 주었다.

관상기도는 이처럼 성경에서 시작되어 초대교회에 발전하였는데 동방교회에서는 관상을 신비와 깊이 연관시켰다. 이미 사막교부 시대로부터 기도는 단순, 소박한 한마디 말을 집중, 반복함으로써 마음 깊은 곳에 중심을 회복하는 형태로 나아갔다. 그 중심에 현존하시는 하나님의 신비를 성령 안에서 체험하는 것을 관상기도로 본 것이다. 하나님의 신비한 현존을 접하여 그 사랑에 의해 사로잡히고 경이롭게 변형됨으로써 하나님의 생명 본성과 일치하는 것이 관상기도의 진정한 목표이다.[9]

관상기도는 다른 말로 마음의 기도라고도 한다. 예수 기도로 발전

9 버나드 맥긴 외, 이후정 역, "기도와 관상의 길," 『기독교 영성 1』(서울: 은성, 1997), 637.

된 동방교회의 관상기도는 예수 그리스도의 이름을 부르면서 기도하는 동안 점차로 의식, 생각, 감정으로부터 더 깊이 마음의 중심에 도달하게 된다. 그때 인간의 정신nous은 마음kardia으로 하강하여 거기서 집중, 통합되는 것을 기도의 목표로 삼았다. 하지만 진정한 목표는 인간의 존재 깊은 곳에 거하시게 변형되어 하나님의 생명, 본성과 일치하는 것이 관상기도의 목표이다.

이러한 관상기도는 서방교회, 중세를 지나면서 다소 약화되지만, 중세의 신비주의 저자들에 의해 계승되었다. 클레르보의 성 버나드는 하나님을 사랑으로 향유, 음미하면서 그를 주목하는 입맞춤의 신학을 통해 관상기도를 신비주의적으로 발전시켰다. 사랑은 지식을 초월하면서, 영혼은 하나님과 합일하게 된다. 이러한 엑스타시(탈아)는 실상 동방교부들인 오리게네스, 닛사의 그레고리, 디오니시우스의 전통을 이어받은 것으로서, 관상기도가 변모와 신비적 합일을 목표하는 중요한 요소가 되었다. 중세를 마치고 종교개혁 시대의 위대한 스페인 신비가, 영성가인 십자가의 성 요한은 관상기도의 길을 갈멜산에 등정하는 기도로 묘사하였다. 그는 인간의 모든 지성, 감성, 의지를 정화시켜 개념, 형상을 벗는 무nada, 밤에 이르는 사랑의 합일을 관상기도로 보았다.[10]

10 유기종, 『기독교영성, 영성신학의 재발견』(서울: 은성, 1997), 107~128, 199~220.

3) 센터링 중심기도

한편 오늘날 센터링 중심기도centering prayer(향심, 구심기도)라고 불리는 관상기도의 방식은 중세 영국의 신비주의 문헌인 〈무지의 구름〉에 상당히 의존하고 있다.[11] 이 책에서 동방교회의 신비적인 관상기도가 발전하였는데, 모든 지식과 상상을 초월하여 존재, 마음의 근저, 근원으로 향하는 믿음, 사랑 기도의 차원을 말해 주고 있다. 오늘날 센터링 중심기도는 현대 기독교인들이 쉽게 관상기도에 이르는 길을 제시하려고 한다. 그것은 우리의 몸과 마음을 편안히 풀고 수련을 통해 하나님께 모든 것을 맡기며 안식하는 기도이다. 고요한 침묵 속에서 하나님의 창조적 사랑 안에 거하며 그의 현존에 집중하면서 오직 단순, 순수한 신앙만으로 하나님께 몰입하는 것이다.

충만한 사랑과 신앙을 표현하기 위해 센터링 기도는 예수 기도[12]와 같이 한마디 사랑의 언어love word를 선택하여 그 거룩한 단어를 계속 반복하면서 집중하는 방법을 사용하기도 한다. 우리 안에 거하시고 활동하시는 하나님의 현존에 동의하는 의지, 의도(지향)의 상징으로써 사용하는 것이다. 고요히 하나님 사랑의 현존에 머물러서 하나님을 사랑으로 그저 바라보는(관상) 동안 하나님의 사랑의 눈길이 우리 모두를 감싸며 우리를 변화시키는 것이다. 이러한 현대적 관상기도는 오늘날 많은 기독교인의 영성생활에 큰 도움이 되고 있다.

---

11 작자미상, 엄성옥 역, 『무지의 구름』(서울: 은성출판사, 2000).

12 작자미상, 오강남 역, 『예수 기도』(서울: 대한기독교서회, 2012). 예수 기도는 동방정교회의 가장 보편화된 짧은 기도이다. '주 예수 그리스도, 하나님의 아들이시여, 이 죄인을 불쌍히 여기소서'를 반복하여 암송하며 드리는 기도이다.

센터링 중심기도의 기도문

캔자스(Huchinson, Kansas)의 세계에서 가장 큰 규모의 베네딕트 수도원에서 새벽모임시 사용하는 센터링 중심기도 기도문을 소개한다. 필자는 일상생활 가운데 시간이 날 때마다 마음을 비우는 기도를 드리고 20분씩 침묵하며 기도하고 세계평화를 위한 기도로 마무리하는데 일상생활 가운데도 영적으로 고양되는 경험을 하게 된다.

비잔틴 기도문(기도를 시작하며 마음을 비우는 기도)

고요한 빛이시여
나의 존재의 근원을 비춰주셔서
나를 당신께 더 가까이 인도하소서
감각의 덫을 지나
마음의 미로에서 나와 나를 당신께
더 가까이 인도하소서

상징으로부터 언어로부터
나를 자유하게 하시어
어둠속에서 말하지 않는
내 존재의 근원을 가리는
삶의 의미를 발견케 하소서

예수님의 이름으로 기도합니다. 아멘.

(기도 후 20분 침묵기도를 시작한다.)

세계평화 기도문(침묵기도를 마친 후 마무리기도)

나를 죽음에서 생명으로
거짓에서 진리로 인도하소서

나를 절망에서 소망으로
두려움에서 신뢰함으로 인도하소서

나를 미움에서 사랑으로
전쟁에서 평화로 인도하소서

평화가 우리의 마음과
우리들의 세계와 우주에 충만하게 하소서.

예수님의 이름으로 기도합니다. 아멘.

4) 관상기도의 실제

관상기도의 기원은 동방교회의 사막교부들에 의해 시작되었지만 이것을 체계화한 것은 12세기 수도사인 귀고Guigo, 1115~1188AD로 그의 "수도사의 기도 사다리"Monk's Ladder of Prayer를 관상기도의 기본 틀로 사용한다.

관상기도의 4단계

① 렉시오 디비나Lectio Divina, Divine Reading: 거룩한 독서

② 메디타시오Meditatio, Meditation: 묵상하기

③ 오라시오Oratio, Oral Prayer: 기도하기

④ 컨템프라시오Contemplatio, Contemplation: 관상하기

관상기도의 실제적인 적용

(1) 거룩한 독서: 정해진 성경 본문을 반복해서 읽는다. 적어도 두 번은 소리 내서 읽는다. 그리고 다시 한번 본문이 말씀하고 있는 핵심 줄거리를 생각하며 읽는다Main Idea.

(2) 묵상하기: 기도언어Prayer Word, 어구Sentence, 사랑의 언어Love Word, 거룩한 언어Sacred Word를 묵상한다. 본문에서 하나님과 관련된 핵심적인 단어를 찾는다.

(3) 기도하기: 묵상을 통해 발견한 기도 어구나 단어를 사용하여 반복적으로 기도한다(삶의 상황, 당면한 기도 제목 등을 연관시켜 하나님과 관련된 핵심단어를 중심으로 구체적으로 기도한다).

(4) 관상기도: 조용히 침묵하며 하나님의 임재 안으로 들어간다.

(5) 침묵기도 시 분심(잡념)을 다스리는 방법: 기도 단어를 떠올리거나 호흡법(들숨, 날숨)을 사용한다. 호흡기도는 가장 오래된 수도사들의 영성수련 방법이다. 성경적인 호흡기도는 영성생활에 강력한 능력이 될 수 있을 것이다.

5) 관상기도의 목표

'예수 기도'로 발전한 동방교회의 관상기도는 예수 그리스도의 이름을 부르면서 기도하는 동안 점차로 의식, 생각, 감정에서 더 깊은 마음의 중심에 도달하는 것을 경험하게 된다. 러시아 정교회 무명의 순례자인 저자가 쓴 '예수 기도'는 어떻게 쉬지 않고 기도할 수 있나 하는 명제를 가지고 순례하던 이 순례자가 한 수도원장이 가르쳐 준 예수 기도 '주 예수 그리스도시여 저를 불쌍히 여겨 주소서'를 반복적으로 기도할 때 경험한 놀라운 경험들을 소개한 책이다. 그 후 걸을 때나 혼자 있을 때 예수 기도를 실제로 적용할 때 영적으로 고양되는 경험을 하게 되었다.

관상기도는 하나님과의 사랑의 연합(주객이 일치되는 단계), 하나님의 성전인 몸을 다스림, 하나님의 평화와 내적 회복을 목표로 한다.

한국 초기 교회의 핵심적인 영성이며 한국 개신교의 대표적인 기도 형태는 통성기도이다. 통성기도가 한국교회의 영성에 미친 영향은 지대하다. 통성기도와 더불어 마음 깊은 곳에서 하나님께 부르짖고 앙모하고 탄식하는 기도가 한국 개신교 영성에 필요하다고 생각된다. 이러한 통성기도의 유익이 많지만 때로는 침묵과 묵상이 필요하다. 나는 개인적으로 새벽기도 시 통성기도를 한 후 하나님의 세미한 음성을 듣는 침묵기도의 시간이 좋다. 학교에서도 자투리 시간에 20분씩 시간 날 때마다 침묵기도를 하고 있는데 내 영적 생활에 큰 활력을 경험하게 된다.

엘리야의 기도와 같이 하나님의 세미한 음성에 귀를 기울이는 것은 통성기도와는 또 다른 기도 전통이라고 할 수 있다. 세미한 음성을 듣는 기도Silent Voice는 언어나 음성을 초월한 언어이다. 관상의 어원인 헬라어 테오리아Theoria는 이론이 아닌 보는 것, 언어가 아닌 하나님의 존재 속에 들어가 하나님의 임재에 집중하는 기도이다. 처음에는 입기도로 시작하고 다음에는 언어를 포함하여 모든 것에서 벗어나는 것이다. 그 핵심은 하나님의 경이로운 사랑의 충만함에 사로잡히는 것이다.

나아가서 관상기도의 궁극적인 목표는 관상적인 삶Contemplative Life과 연결되어야 한다. 현대인의 삶의 구조인 실용주의적 세계관은 생산적이지 못한 시간 사용을 낭비로 생각하고 바쁘게 경쟁의 삶을 살아가고 있다. 그러나 창세기의 세계관은 심미주의적이어서 우리의 시간 사용에 뒤돌아봄Reflection을 요구한다. 특히 안식일의 제정은 뒤돌아봄에서 한걸음 더 나아가 쉼Rest, 새로워짐Refreshment, 새로 지음Recreation의 라이프 스타일을 지향한다.[13] 우리가 무슨 일을 하든 주님을 기쁘시게 하는 삶의 동기를 가지고 하면 그 일이 주님의 일이다. 주님 안에서 일상을 사는 삶이 관상적인 삶이다.

6) 영성일기 쓰기[14]

(1) 일기 쓰기를 위한 도움말

① 일기장을 고를 때는 한 권으로 된 것보다 낱장의 용지를 자유롭게 쓰고 바꿔 낄 수 있는 노트가 좋다.

② 일기 첫머리에 날짜를 기록한다.

---

13 이동원, 『성경적 관상기도』(서울: 목회리더십연구소, 2007), 60.

14 유성준, 『세이비어교회-실천 편』, 87~90. 세이비어교회는 개인적인 영성을 위한 한 방편으로서 모든 교인들에게 하루 한 시간씩 성경 읽고 기도하기와 영성일기와 영적 자서전 쓰기를 권장한다.

③ 무엇이든 쓰고 싶은 내용을 생각나는 대로 기록한다.

- 중요한 일, 결정 사항, 깨달은 것
- 하루 중 어떤 순간, 당신이 느꼈던 기분을 묘사해 본다.
- 오늘 당신의 하루를 평가해 본다.
- 소망 혹은 두려움, 걱정과 즐거움 등에 관하여 적어 본다.
- 자기 자신과의 관계, 다른 사람과의 관계, 하나님과의 관계, 그리고 어떤 사물과의 관계 혹은 어떤 사건, 상황과의 관계에 대하여 평가해 본다.
- 당신을 향한 하나님의 뜻이라고 믿었던 일에 실패했거나 성공했던 일, 그와 관련된 가장 좋았던 경험을 적어 본다(이것은 당신의 일기이다. 당신의 경험과 느낌이 중요하다. 그렇지만 당신 자신을 위해, 또 다른 사람들을 위해 일기의 한 부분을 당신이 신뢰하는 사람과 나누는 것을 고려해 볼 수도 있다).

④ 명상과 기도 시간에 얻은 깨달음 혹은 계시 등을 적어 본다.

⑤ 당신이 꾸었던 꿈을 기록하라. 전체 혹은 부분이라도 기억나는 대로 적어 본다.

- 잠에서 깨어나 지난밤에 꾼 꿈을 떠올리기 시작한다. 이때 고요한 상태를 유지하며 꿈 전체를 기억하도록 자신을 훈련하라. 꿈꾼 것을 본격적으로 기록하기 전에, 꿈을 떠올리면서 그와 관련된 몇 개의 단어 혹은 몇 구절을 적어 놓도록 한다. 이러한 과정은 두세 가지 혹은 더 많은 꿈을 한 번에 꾸었을 때 도움이 된다. 가능한 한 꿈꾼 내용을 빨리 기록하는 것이 좋다. 쉽게 손에 닿을 수 있는 곳에 일기장을 보관하도록 한다.

- 꿈을 기록할 때는 구체적으로 기록한다. 비록 중요하지 않아 보일지라도 모두 기록한다.
- 당신 안에서 당신에게 이야기하고 싶은 것이 무엇인지를 파악하며 꿈을 생각해 본다. 당신이 잠든 사이 분주했던 모든 것들로부터 쉬고 있을 때, 당신 안에서 당신에게 말하려고 했던 것이 무엇인지를 생각해 본다.
- 꿈속의 배경이나 장면을 그림으로 그려보는 것도 도움이 된다. 당신이 그리고 싶은 대로 그릴 뿐 예술가가 될 필요는 없다. 꿈속의 어떤 장면이나 활동을 생생히 기억하기 위한 것이다.
- 당신의 꿈 꾼 내용을 다른 노트에 따로 기록하는 것보다 일기장에 날짜대로 기록하는 것이 더 좋다. 그것은 꿈 내용이 지금 당신이 하고 있는 어떤 활동과 관련이 있을 수 있기 때문이다. 당신이 꾼 꿈이 당신의 영적 성장 혹은 퇴보를 반영할 수 있다.

⑥ 가끔 일기장에 기도를 적어 보는 것도 도움이 된다. 마치 하늘에 계신 아버지 혹은 어머니에게 편지를 보내는 것과 같다. 내 속의 감정 그대로를 드러낼 수도, 당신이 원하는 표현을 찾기 위해 고민할 수도, 혹은 당신의 깊은 곳으로부터 조금씩 끌어낼 수도 있다. 이것은 다음과 같은 다양한 상황에서 기록하는 것이 좋다.

- 실망하고 좌절할 때
- 받은 은혜가 너무 감사할 때
- 절망 가운데 낙심할 때
- 고백이 필요할 때
- 당신의 삶 가운데 하나님의 뜻을 이루고자 하는 강한 소원이 일

어날 때, 그분의 뜻을 따르고자 하는 불같은 열심이 일어날 때

⑦ 일기장이 늘어날수록 날짜에 맞추어 관주와 함께 색인을 만드는 것이 쉽게 내용을 찾는 데 도움이 된다. 색인에는 다음의 항목을 포함하는 것이 좋다.

- 사람들의 이름(일기장에 기록되었거나, 꿈 혹은 기도에 포함된 이름들)
- 다시 찾아보기 원하는 생각과 경험, 주제 등

⑧ 일기장에 참고목록을 위한 구별된 섹션을 만드는 것이 도움이 될 것이다. 혹은 따로 다른 노트에 기록할 수도 있다. 이 참고목록에는 일기에 포함된 주제와 관련하여 만들어 놓은 관주, 일기에 기록된 인용문을 포함하는 것이 좋다.

(2) 일기 쓰기의 유익

① 일기 쓰기는 당신의 마음, 즉 당신의 기분, 느낌, 동기, 소망, 두려움, 애정, 미움, 야망, 고통, 기쁨 등 당신 삶의 모든 부분을 체계적으로 정리하고 분명히 할 수 있는 한 가지 방법이다. 당신의 삶을 분명히 이해하는 것은 당신이 원하는 근본적인 삶의 목적이 무엇인지를 결정하는 데 도움을 주며, 그 목적을 향해 가는 길 혹은 그 목적에서 멀어지는 길이 무엇인지 파악하는 데도 도움이 된다.

② 무엇보다 중요한 것은 당신이 삶의 목적으로부터 얼마나 멀리 떨어져 있는가가 아니라, 당신이 어떤 방향으로 가고 있는가이다. 당신 자신을 다른 사람들과 비교하는 것은 중요하지 않다. 그렇지만 지금의 당신을 한 달 전, 1년 전, 혹은 5년 전의 당신과 비교하는 것은 매우 중요하며 유익하다. 당신은 이때 다음과 같은 질

문을 할 수 있다.

- 나는 아직도 이전의 문제들로 인해 전과 같이 고민하고 있는가?
- 나의 삶의 방향은 예전과 같은가?
- 참을성은 어떤가? 좋아지고 있는가, 아니면 오히려 줄어들고 있는가?
- 나는 쉬지 말고 기도하는 것이 무엇을 의미하는지 이제 분명히 이해하고 있는가?

③ 당신의 일기장은 당신 자신의 기도로 이루어진 기도 모음집이 될 것이다. 침체 될 때나 당신이 좋았을 때 적어두었던 기도를 읽어 보라. 그 기도문을 읽다 보면 영적 여정이 어느 한 곳에 머물러 있는 것이 아니라 때로는 평지 혹은 산 정상 때로는 깊은 골짜기를 걷는 여정의 연속이라는 것을 알게 될 것이다.

5.
뉴노멀 시대의 서번트 목회의 실천

코로나19 상황 가운데 한국교회는 외적 내적으로 총체적인 심각한 위기와 도전 가운데 처해 있다. 이 시대 한국교회의 외적 위기는 인구절벽 시대에 고령화와 저출산 등으로 지속적인 인구감소와 젊은이들의 조용히 교회를 떠나는 현상Silence Exodus, 양극화(부의 불균형), 청년실업, 중소상공인과 자영업의 위기, 교회 신뢰도의 추락, 안티기독교 세력의 확산, 더 이상 종교가 절실하지 않은 소득 3만 불 시대 등을 요인으로 들 수 있다.

내적 위기는 무엇보다 영적 타락, 영적 위기와 뿌리 깊은 기복신앙, 이원론적 신앙 생활, 교인 관리만을 위한 프로그램들, 가나안 성도 확산, 차세대교육 부재, 세속주의, 물질만능주의, 이단들의 도전 등이 있고 무엇보다 심각한 위기는 교회 리더들, 특별히 목회자들의 정체성의 위기Identity Crisis라고 할 수 있다.

예수님이 공생애 기간 말씀하신 핵심은 하나님의 나라Kingdom of God였다. 좀 더 구체적으로 표현하면 하늘나라 백성의 가치관Kingdom Value이다. 그리고 그것을 몸으로 보여주신 것이 십자가와 부활이었다. 그러나 이 시대 교회의 문제는 예수님이 보여주신 하나님 나라의 가치관보다 세상적인 가치관과 문화에 중독되어 있는 것이다. 이 시대 교회가 참된 교회가 되고 리더들이 참된 리더가 되기 위해서는 무엇보다 성서가 조명하는 바른 교회의 모형을 회복하는 것이 시급하다.

특별히 코로나19 사태 이후 한국교회는 미래목회의 바른 대안을 제시해야 하는 큰 도전 앞에 직면해 있다. 코로나19 이후 ① 비대면 사역 준비 ② 소그룹 사역 특히 헌신된 리더 양육 ③ 영성회복-집단적 영성에서 개인적 영성을 위한 대안 ④ 삶을 통해 보여주는 서번트 목회의 회복이 시급하다.

20세기 목회는 성령운동과 은사운동, 교회성장, 강해설교, 제자훈련, 경배찬양, 영상예배 등 교회 안의 사역에 치중하였다. 그러나 21세기 특히 코로나19 이후는 교회가 아무리 좋은 시설과 프로그램을 제공해도 이제는 삶을 통해 보여주지 않으면 설득력이 없다. 1990년대 목회는 릭 워렌의 『목적이 이끄는 교회』가 교과서와도 같았다. 불신자를 초청하여 새신자훈련, 제자훈련, 은사발견을 통하여 파송하는 시대였다면 이제는 기독교의 진정성을 삶을 통해 보여주는 것이 우선되어야 한다.

기독교 공동체의 역사는 한마디로 위기와 새로운 공동체Crisis and New Community 운동의 연속이었다. 이런 점에서 코로나19로 심각한 위기 가운데 영성Inward Journey과 삶, 사역Outward Journey의 균형을 공동체Journey Together를 통해 실천함을 강조하는 서번트 목회를 실천하는 것은 이 시대 교회의 상황으로 볼 때 중요한 대안이다.

코로나19 이후 핵심화두는 비대면Untact과 새로운 기준New Normal이다. 새로운 기준이 요구되는 시대에 ① 비대면 사역의 준비 ② 사역까지 감당하는 소그룹 사역 준비와 헌신된 평신도 리더 양육 ③ 영성회복-집단적 영성이 제한된 시대에 개인적 영성을 위한 대안 ④ 삶을 통해 보여주는 서번트 목회의 회복이 시급하다. 사역 공동체로서의 소그룹 사역과 개인적인 영성의 대안에 대해 이미 소개하였고 이 장에서는 언텍트시대의 비대면 사역과 서번트 목회 실제적인 작용에 대해 소개하고자 한다.

1) 뉴노멀 시대의 언텍트 사역

한국서번트리더십훈련원은 시대적 상황에 따라 온라인 비대면 사역을 통해 한국교회의 미래목회의 방향과 그 가능성에 대한 성찰과 각자의 상황에 따른 적용을 통해 새로운 목회의 패러다임을 구축하는 기회로 삼고자한다.

(1) 한국서번트리더십훈련원 비대면 사역

코로나19 상황 가운데 한국교회는 내적 외적인 심각한 위기와 가운데 놓여있다. 그리고 코로나19 이후 미래목회에 바른 대안을 제시해야 하는 큰 도전에 직면해 있다. 코로나19 시대에 가장 많이 사용되는 말이 비대면untact과 새로운 가치new normal이다. 새로운 목회의 도전 앞에 그동안 진행해 온 한국서번트리더십훈련원의 서번트 목회의 비전은 한국교회 미래목회의 위기에 중요한 대안이고 대면·비대면 사역은 미룰 수 없

한국서번트리더십훈련원은 코로나19 상황 가운데 대면·비대면 사역을 병행하여 실시하며 2020년 9월부터 유성준 교수 TV/한국서번트리더십훈련원 유튜브를 통해 서번트 목회 주제의 영상을 매주 소개하고 있다.

는 긴급한 이슈가 되었다. 이러한 상황 가운데 핵심 그룹들이 몇 번의 실무 준비모임을 거쳐 2020년 9월 16일부터 유튜브를 통해 매주 비대면 사역을 시작하여 진행하고 있다.

※ 유튜브 채널명: 유성준 교수 TV/한국서번트리더십훈련원

(2) 비대면 사역의 내용Content: 비대면 사역의 핵심은 창조성과 지속성이다.

① 한국서번트리더십훈련원의 핵심 사역인 수도권, 전북, 그리고 한민족(탈북민, 조선족, 고려인) 서번트리더십학교의 학기별 강의자료를 편집해서 사용한다(실시간 방송 세미나 포함).

② 훈련원의 정체성을 나타낼 수 있는 영상을 1주일에 1회씩 제작해서 소개한다.

③ 서번트 목회와 더불어 미래목회의 대안이 되는 선교적 교회, 마을목회, 지역사회 개발 사역 등 훈련원의 비전과 연관된 실제적인 사역 자료들을 발굴하여 소개한다.

④ 매년 진행하는 미주 대안공동체 탐방 프로그램도 영상으로 준비하여 소개한다.

⑤ 세계적인 대안공동체와 리더들을 방문하여 소개한다.

(3) 다양한 방법의 비대면 사역 활용

① 줌을 통한 비대면 화상채팅 방식

소그룹 토의 방식의 모임 시에는 실시간 쌍방 참여가 가능한 줌을 사용하여 운영한다.

② 유튜브뿐 아니고 훈련원의 홈페이지·네이버, 블로그·페이스북

카톡·인스타그램 등을 통해 사역을 소개한다.

③ 편집이 필요할 시는 시간이 많이 소요되는 전문성이 필요한 작업이기 때문에 영상편집팀을 운용한다.

④ 영상촬영을 위한 컴퓨터, 카메라(핸드폰도 가능), 마이크 등 기본적인 장비가 필요하다.

2) 뉴노멀 시대의 서번트 목회

(1) 서번트 목회의 목회 철학

초대교회 공동체의 모델이 되는 예루살렘 공동체는 사도행전 2장과 4장 이후에도 여러 방면으로 지속된 것을 알 수 있다. 초대교회 교우들은 모든 것을 공유하고 각 사람의 필요에 따라 나누어 주는 획기적인 사역공동체를 형성하였다(행 2:42~47). 그것은 이웃과 소유를 나누고 유무상통하는 공동체였다.

교회 역사에도 보면, 17세기 경건주의 운동에 나타난 '교회 속의 작은 교회' 운동의 추구가 바로 지역교회 속에 공동체를 추구하는 형태와 같은 경우라고 할 수 있다. 교회사에 기독교의 본질을 추구한 운동들이 종교개혁 이전까지는 주로 제도권 밖에서 일어났으며, 종교개혁 이후에는 주로 제도권 안에서 일어났다.

필자가 그동안 한국교회에 소개한 미국 워싱턴 디시의 세이비어교회도 소그룹 미션그룹이 중심이 되는 공동체 교회의 중요한 대안 모델이다. 세이비어교회의 핵심 철학은 영적인 삶을 통하여 예수를 닮아가는 삶을 추구하고, 예수가 보여준 긍휼의 마음으로 가난하고 버림받고 소외된 자들을 섬기는 일에 헌신하며, 용기와 희생적인 삶을 통해 세상을 변화시키는 데 헌신하는 것이다. 세이비어교회는 소그룹 미션그룹이 영성을 바탕으로 함께 삶을 나누고Sharing, 서로 돌보고Caring, 함께 사역Ministering까지 함으로써 세상을 변화시키는 일, 예수님을 닮아가는 삶을 이루고 있는, 소그룹 사역의 급진적인 모델이 될 만한 공동체 교회이다.

코로나19 이후 교회가 교회 안에 안주하지 않고 담을 넘어 세상을 섬기는 서번트 목회는 시대적 요청이다. 이제 교회가 예수의 마음과 사랑으로 지역을 섬기는 공동체가 되어야 한다. 그리하여 이 땅 위에 하나님의 사랑과 정의가 다스리는 공동체를 이루기 위해서는 어느 한 영역의 변화만 추구해서는 안 된다. 정치, 경제, 사회, 교육, 문화, 복지, 의료, 종교분야 등의 통전적인 변화를 통해 하나님이 원래 의도하셨던 세상을 만들어 가야 한다. 그럴 때에 세상이 사회 구조적인 부분까지 하나님의 뜻대로 변화될 수 있기 때문이다.[15]

교회가 교회와 연관된 사회전반의 통전적인 변화를 추구하며 교회가 위치한 지역을 섬기기 위해서는 교회 내의 사역과 사회 속에서의 사역을 온전히 감당하는 헌신 된 리더들의 양육이 절실히 요청된다. 복음의 정신으로 훈련된 평신도 리더들을 세워 그들을 통해 '하나님 사랑'과 '이웃 사랑'을 이뤄가는 것이 서번트 목회의 핵심적인 전략이다. 이러한 전략을 실현하기 위해서 첫째, 영성과 사역, 교회 내의 사역과 사회성화 사역의 철저한 균형을 훈련받은 헌신 된 평신도 리더들을 통해 추구한다. 둘째, 지역의 다른 교회들과 연합하여 함께 시민사회 사역을 진행한

15 장학일, 『예수마을 이야기』(서울; 쿰란출판사, 2011), 284~308.

다. 셋째, 교회와 지역 주민이 함께 연합하여 지역사회 변화를 추구한다. 지역에서 교회가 중심이 되어 지역이 함께하는 이러한 일치와 연합 운동이 21세기 목회적 대안을 제시하는 한국교회의 서번트 목회의 방향에 좋은 통찰력을 준다.

(2) 섬김을 통해 변화를 추구하는 서번트 목회

서번트 목회의 목회 철학을 전제로 교회는 다음의 기본적인 틀을 가지고 서번트 목회를 진행한다. 첫째는 예배와 철저한 입교과정과 훈련과정을 통하여 영적 기초를 확립한다. 둘째는 모든 사역에 하나님 사랑과 이웃 사랑의 철저한 균형을 강조한다. 셋째는 교회 내의 사역까지도 감당할 수 있는 소그룹 사역공동체 모델을 개발한다. 넷째는 하나님의 선교를 위한 소명받은 헌신적인 평신도들을 양육한다(엡 4:12). 다섯째 교회가 위치한 지역사회의 연결점이 되어 지역의 필요에 동참한다. 교회의 규모와 상관없이 참된 교회가 되기 위해서는 교회가 이러한 섬김의 본질을 가질 때 참된 교회가 될 수 있을 것이다.

(3) 서번트 목회의 실제적인 사역 적용

① 매일 규칙적인 기도와 자아성찰, 말씀을 묵상하는 시간을 갖는다.

② 교회의 대면, 또는 비대면 집회에 꼭 참석한다.

③ 대면, 또는 비대면 소그룹 모임에 꼭 참석하여 서로의 삶을 나누고 구성원들이 관심하는 섬기는 사역을 실천하는 비전을 공유한다.

④ 영성을 위한 신앙 서적을 주기적으로 함께 읽고 나눈다.

⑤ 규칙적으로 시간을 정하여 공동체를 위하여 중보기도를 한다.

⑥ 세상 안에서 활동하시는 하나님께 응답하기 위해 항상 열려있고 준비된 태도를 지니고 이웃들과 함께하는 삶을 지향한다.

⑦ 공동체의 당면 문제들을 효과적으로 해결하기 위해 관심을 가지고 참여하며 소그룹들과 연대하며 활동한다.

⑧ 건전한 NGO의 활동을 소개하며 후원금 보내기 및 자원봉사 등을 통한 봉사 사역을 수행한다.

⑨ 하나님 사랑(영성)과 이웃 사랑(섬김)의 비전에 대해 모든 구성원이 인식할 수 있도록 주기적인 교육을 통해 강조하고, 공동체의 섬기는 리더로 양육한다.

⑩ 열린 모임을 실시한다. 열린 모임은 공동체의 현장에서 두 명 이상이 팀을 이루어 자신과 관계된 사람들을 초청하거나 혹은 초청을 위해 함께 사랑의 관계를 맺어간다. 친밀한 관계가 형성되면 사람들을 소그룹 모임에 초청하고 구성원들의 섬김의 모습을 통하여 하나님 백성 공동체를 경험하게 한다.

⑪ 교회적으로는 교회의 사이즈와 상관없이 교회가 위치한 지역의 연결점이 될 수 있는 지역사회 사역들을 소명 있는 평신도 리더들과 개척한다.

⑫ 사회적 기업이나 사회적 협동조합 등 비영리단체들을 설립하며 사회적 활동에 참여한다.

3) 한민족 공동체를 위한 서번트 목회

(1) 한민족 동포들의 상황

한민족(탈북민, 조선족, 고려인) 동포들이 100만 명이 넘는 시대에 살고 있다. 최근 통계로는 탈북민 3만 5천여 명, 조선족 100만여 명, 고려인 6만여 명이다. 국내에 거주하는 탈북민을 포함한 한민족들은 대부분 노동집약적인 직업에 종사하거나 학교에 다니는 학생들이다. 조선족과 고려인 청년들 가운데는 중국이나 중앙아시아에서 온 뛰어난 지식인 청년들이 많다. 그러나 이들은 한국 사회에 잘 적응하지 못하고 점점 배타적이 되고 민족적인 정체성과 기독교 신앙의 혼란을 경험하고 있다. 무엇보다 하나님 나라와 민족과 세계를 향한 비전을 품지 못하고 방황하고 있는 청년들이 대부분이기도 하다. 한민족 공동체를 위한 전략과 한국교회의 관심과 대안이 시급하다고 진단된다.

특별히 복음을 억압하는 사회주의 국가에서 살다가 한국에 온 청년들이 이 땅에 잘 정착할 수 있도록 돕고 이들에게 예수 그리스도의 믿음과 정신을 가르치고 이들을 '통일선교'의 동역자로 세우는 것은 하나님이 한국교회에 주신 특별한 사명이다. 이를 위하여 한민족들이 함께 협력하여 비전을 공유하고 통일선교의 비전을 세워가는 것이 중요하다.

한국서번트리더십훈련원에서는 2019년부터 '한민족서번트리더십학교'를 설립하고 한민족들이 특히 '이미 와 있는 통일'인 탈북민들이 이 땅에 잘 정착하도록 교육프로그램, 교회개척, 사회적 기업, 사회적 협동조합을 설립하는 사역들을 진행하고 있다.

(2) 한민족 공동체를 위한 자활프로그램 – 사회적 기업, 사회적 협동조합 설립

현재 국내거주 한민족 공동체(조선족, 탈북민, 고려인)의 문제점은 다음과 같다.

① 민족적 정체성과 기독교 신앙의 위기

② 문화적인 충격, 한국사회에 적응의 문제

③ 문화적인 충격, 가정문제, 직업문제 등

(3) 한민족 공동체가 필요로 하는 것

① 교회가 공동체의 필요를 파악하여 돕는 구심점이 되는 것

② 공동체와 지역과 연결점이 되는 사역 개발

③ 필요에 근거하여 목회자와 평신도, 그리고 일반인들을 위한 프로그램 시작

(4) 문제점과 필요성에 대한 대안 제시

① 사회적 문제에 대한 이슈를 파악하고 그에 대한 미래적 대안을 계획해야 한다.

② 좋은 의도와 후원 의존도만으로는 한계점이 있다.

③ 기관의 목적에 따라 구체적이고 체계적 실행여부가 결정된다.

④ 무엇을 위한 것인지 뚜렷한 목적이 필요하듯 사회적 기업이나 사회적 협동조합은 주 사업 유형에 맞는 기관 고유의 설립목적이 분명해야 하며 그 목적에 따라 주무관청이 정해지고, 주무관청으로부터 설립인가를 받아야만 설립이 가능하다.

⑤ 서번트 리더십이 지향하는 점과 사회적 기업이나 사회적 협동조

합의 정의는 일맥상통하며, 정부나 지자체는 사회적 문제에 대한 대안들을 찾고 있으며 그에 따른 예산들을 확보하고 집행할 매개체를 찾고 있다.

⑥ 좋은 생각과 후원, 그리고 정부가 사용하기 위해 준비한 예산을 정당하게 필요한 곳에 사용될 수 있도록 전문적인 사역자들을 세워 그에 대한 책임감을 가지고 고민하고 연구하여 나갈 길을 제시해야 한다.

⑦ 뚜렷한 목적을 이루어 가기 위한 사업계획서의 준비로부터 후원 유치 및 후원금 영수증 발급 가능, 자원봉사자 모집과 봉사시간 발부 가능, 정부 지원 사업 및 공모사업을 통한 예산 활용 가능성 등을 사전에 준비하여 사역할 때 건강한 사회적 기업이나 협동조합 등의 설립은 정부지원과 정부 주도형 관민사업으로 성장가능하며 한민족 공동체의 발전에 크게 기여할 수 있다고 본다.

4) 탈북민 사회적 기업 – '위로재단'

필자가 임원으로 동역하고 있는 탈북민 자활을 위한 통일부산하 사회적 기업인 '위로재단'(대표 김주찬 목사)의 사역을 소개한다. 코로나19 이후 한국교회의 상황 가운데 어느 공동체이건 적용할 수 있는 사회적 기업이나 사회적 협동조합의 실제적인 모델이다.

(1) 취지

위로재단은 위에 세 가지 가치를 실현하기 위한 취지로 설립되었다. 첫째, '우리가 함께 가는 길'은 남북한 주민이 함께 통일 시대를 이루고 살아가는 것이다. 둘째, '위로받고 위로하는 일'은 탈북하여 남한에서 살아가고 있는 탈북민이나 먼저 구원받은 남한의 기독교인들이 먼저 받은 위로를 흘려보내며 다른 이들에게도 나누는 것이며, 가장 기본이 되는 것은 경제 자립을 돕는 사역이다. 셋째, '하나님을 향해 위로 가는 삶'은 위로의 궁극적인 목표인 탈북민이 하나님을 만나 참된 신앙인이 되도록 하는 것이다. 위로 공동체는 이처럼 기독교적 가치를 기반으로 심리, 사회, 문화, 경제, 복지, 교육 등 전반에 대한 다각적인 개입을 통해 개인의 안

정적이고 지속적인 사회 참여와 적응 향상을 위한 통일부 산하 비영리 법인이다.

(2) 목적

위로의 구체적인 목적은 다음과 같다. 첫째, 예수 공동체성의 회복을 통해 탈종교, 탈교회 시대에 새로운 시대정신을 통한 초월적 신앙 공동체를 회복한다. 둘째, 일상의 어려움(경제자립, 2세 교육)을 함께 해결하기 위해 취업, 창업, 기업연계 교육프로그램을 통해 이들의 실질적인 경제활동 기반 마련을 지원한다. 셋째, 탈북민은 공산국가 주민으로서의 경험, 탈북과정에서 겪는 제3국에서의 체류 경험, 남한에서의 정착 경험이라는 특수한 문화적 배경을 갖는바, 다각적 지원 중 본 재단에서는 전문적인 심리상담 및 코칭을 탈북민들에 맞춰 제공한다. 넷째, 다문화 사회로 급변하는 시대의 흐름에 대응하여 조화롭고 균형 잡힌 다문화 사회 정착 발전에 기여한다. 다섯째, 지역사회에서 단절된 탈북민들을 통합시키고 지역 내 갈등을 해소하여 대한민국 구성원으로서의 정체성을 확립하고 나아가 통일을 준비하는데 실제적 예비 자원으로서 활용한다.

(3) 프로그램 소개

▮ 2세 교육

– 통일형 국제학교

인구학적 특성에서 알 수 있듯이 현재 탈북민 전체 인구의 약 70%가 20~40대인데, 이들의 정착기간이 장기화되면서 결혼과 출산의 세대가 되었다. 이들의 2세 자녀들은 현재 통계나 정착 상황을 파악하기 어려울 정도로 정부나 민간의 관심의 대상이 아닌 완전한 사각지대에 처해있다. 위로재단은 탈북민 1세대가 출산하여 양육 중인 2세 자녀들을 통일시대의 진정한 선교적 자원이자 통일리더임을 자각하고 탈선과 보호의 차원을 넘어서 통일시대의 완성을 이루는 진정한 통일 인재로 양성하기 위해 '통일형 국제학교'를 설립한다.

– 위로FC유소년축구교실

탈북민들 가운데 정착 기간이 5년 이상인 사람이 80%를 넘어선다. 탈북민의 정착이 장기화되면서 결혼과 출산으로 인해 탈북민 가정의 2세 청소년들의 수가 증가하고 있다. 이에 위로 FC를 통해 탈북민 자녀가 또래 학생들과 스포츠 활동을 매개로 건강한 지역주민으로 성장하고 긍정적인 상호 작용을 할 수 있는 프로그램을 진행하고 있다. 위로재단 구성원들이 직접 체험한 경험을 바탕으로, 스포츠와 문화적 참여를 통하여 탈북민 및 소외계층 가정의 아동 청소년들이 겪을 수밖에 없는 고립감과 단

절감, 문화적 충격을 이겨내고, 사회적 적응을 돕고 지원하는 것이다.

- 위로방과후학교

위로방과후학교는 탈북민의 경제적 문제로 인해 방치되는 2세 자녀들의 사교육을 대체하는 교육지원과 동시에 부모들의 경제활동으로 인해 방치되는 아이들을 보호하고 탈선을 방지하고자 시작되었다. 지역 내 외국어고등학교 학생들과 연계하여 외국어와 학생들의 수요에 따른 기타 과목들을 지원함과 동시에 또래와의 일대일 멘토링 활동을 통해 좋은 모델링을 할 수 있는 기회를 제공한다.

경제자립 프로그램

- 지역사회 문제 발견 동기 및 발견 현장

현재 남한에 입국한 탈북민은 2020년 12월 기준 33,752명이다. 하지만 여전히 탈북민의 남한생활 만족도는 낮고, 삶의 질 향상 측면에서도 정부 정책의 기대와 차이가 많다.

탈북민 정착실태조사 자료와 2019년 탈북민 모자 아사(餓死)사건을 통해서 무엇보다 탈북민의 경제적 문제 해결의 중요성을 발견할 수 있다.

- 해결하고자 하는 지역사회 문제 정의 및 분석

탈북민의 남한사회 정착에 가장 걸림돌이 되는 부분으로 경제적 어려움을 들 수 있는데 이를 위해서 정부나 지자체의 취업 알선 및 창업교육이 강화되고 있으나 탈북민 특성에 맞는 일자리나 성별, 연령, 기주기

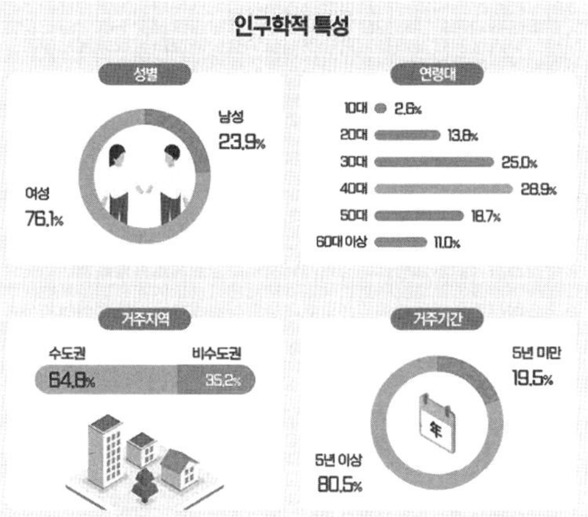

간 등을 고려한 효율적인 지원 정책의 한계가 존재한다.

탈북민의 전체 입국자 중 여성이 차지하는 비율은 76.1%이며, 20~40대가 67.7%이다. 이러한 인구학적 특성을 고려하여 적절한 일자리와 창업교육을 제공하는 것이 중요하다. 위로는 이러한 문제해결을 위해 아이폰수리교육, 스마트슈퍼창업, 네일아트교육 및 창업, 유휴농지개발 등 다양한 자립사업을 진행하고 있다.

– 애플전자기기 토탈서비스 플랫폼 '달수'

탈북민의 인구학적 특성을 고려하여 진행되는 애플전자기기 전문수리 및 교육 플랫폼 '달수'

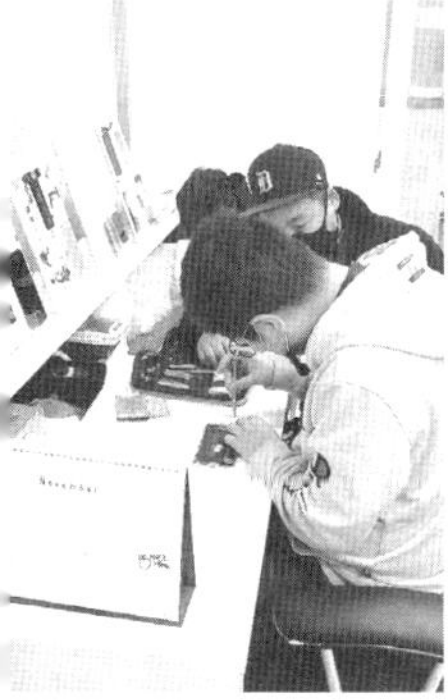
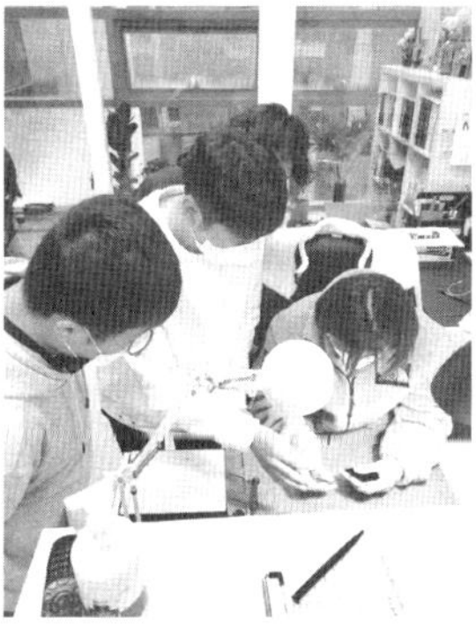

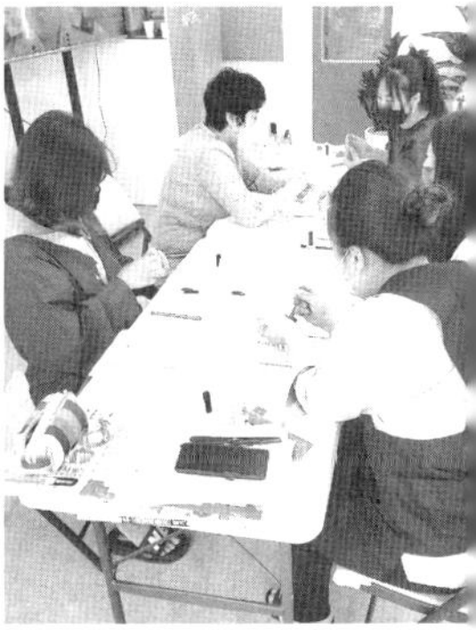

는 탈북민청년을 위한 일자리 창출 사업으로 수리점 플랫폼인 '달수'를 통해 점포 및 무점포 상태의 엔지니어를 양성하여 전국에 출장방문전문 애플전자수리센터를 운영한다.

▮ 위로스마트슈퍼

탈북민의 인구학적 특성을 고려하여 여성의 일자리 문제를 해결하기 위한 일환으로 기획된 프로젝트가 '스마트슈퍼'사업이다. 불안정한 직업의 남성이나 육아 중인 여성 등 안정적인 수입에 도움을 줄 수 있는 사업으로 현재 김포 한강신도시에 스마트슈퍼 위로 1호점을 시범운영 중에 있으며 2호점과 3호점이 창업을 앞두고 있다. 내년 20개 점포의 오픈을 계획하고 있다.

동네슈퍼는 전국에 약 5만여 개가 운영 중인 대표적 서민 업종으로 하루 16시간 이상 운영 등 경영 여건과 삶의 질이 매우 취약한 상태이며

자본력과 정보 부족으로 코로나19 후 급격히 진행 중인 비대면·디지털화 등 유통환경 변화 적응에 어려움을 겪고 있다.

'스마트슈퍼'는 낮에는 유인, 심야에는 무인으로 운영되는 혼합형(하이브리드형) 무인점포로 무인 출입장비, 무인 계산대, 보안시스템 등 스마트기술·장비의 도입과 디지털 경영을 기반으로 한 새로운 동네슈퍼 모델이다. 비대면 소비 확대 등 유통환경 변화에 대응과 스마트 대한민국을 위한 소상공인 디지털 대전환의 구체적 모델 사례의 일환으로 탈북민 스마트슈퍼 육성 사업을 본격 추진할 계획이다.

5) 서번트 목회의 비전

코로나19 이후 위기 가운데 있는 한국기독교 공동체의 대안을 제시할 수 있는 비전을 어디에서 찾을 것인가? 그것은 두말할 것 없이 참된 기독교 공동체의 모습을 회복하는 일로부터 시작되어야 할 것이다. 교회 안에 찾아든 세속화의 이면에 깔린 상호 경쟁과 물량화, 서열화, 계량화의 유혹은 많은 교회, 또는 교회 지도자를 엉뚱한 책임감과 허탄한 영광의 자리로 내몰고 있다. 이러한 위기의 시대에 영성과 삶·사역의 철저한 규형을 헌신된 소그룹을 통해 이루는 것을 강조하는 서번트 목회의 정신이 오늘에 구현되는 것이 '한국교회의 희망 찾기'의 근원이다. 교회 공동체가 온전히 변화되고 성화되어 그 변화된 모습이 하나님 사랑, 이웃 사랑으로 나타나게 하는 "섬김의 영성"이 바로 한국교회의 희망의 방향성이다.

그것은 바로 '하나님의 얼굴을 가진 교회'의 추구와 '하나님의 비전'에 응답하는 교회 생명력이야말로 '교회의 희망 찾기'의 출발점이자 목적이 되어야 할 것이다.

(1) 서번트 목회의 시대적 방향

오늘날 기독교 공동체는 공동체의 본질보다 그동안 해오던 방식대로 현상 유지나 외적인 성장에 더욱 관심을 두는 경향이 있다. 그러나 소위 교회 성장과 교회갱신을 논의하는 일보다 더 중요한 과제는 교회의 본질적 사명에 대한 것이다. 교회의 본질에 대한 성서적, 신학적 이해가 우선되지 않는다면, 어느 순간 외적 요인에 영향을 받을 것이다.

기독교 공동체의 본질적 사명은 복음의 선포, 교육훈련, 사랑의 친교, 이웃에 대한 봉사를 통해 이 땅에 하나님 나라를 건설하는 데 있다. 예수님의 삶과 가르침은 봉사의 삶이었으며 일생을 가난한 자, 눌린 자, 천대받는 자 등과 같은 소외당한 이웃들을 위해 사셨다. 교회는 하나님 사랑을 체험한 자들이 모여 이웃 사랑을 실천하는 데 초점을 맞춰야 한다.

한국교회는 전통적으로 전도(선교), 교육, 친교, 봉사를 교회의 본질적 사명으로 이해해왔고, 특히 개인 전도를 중요한 사명으로 여겨왔다. 그 결과 한국교회는 양적인 팽창은 가져왔으나, 삶을 통해 실천하는 사회봉사에 대한 노력이 미약했다는 문제점을 지니고 있다. 교회가 사회봉사를 복음 전도와 교회 성장의 수단으로만 생각하고 교회의 본질적인 사명으로 받아들이지 않았던 것이다. 따라서 교회는 말씀과 예배, 훈련, 봉사, 진정한 성도의 교제가 삶과 사역을 통해 통전적으로 이루어지는 공동체가 되어야 한다.

(2) 모이는 교회에서 실천하는 교회로의 전환

기독교 공동체가 공동체 안에서 하나님 나라 백성 공동체로의 사명을 수행하는 교회를 세우기 위해서 첫째, '교회 중심적 선교'에서 '하나님의 선교 중심'으로, 둘째, '모이는 구조'에서 '흩어지는 구조'로, 셋째, '정형화된 교회 구조'에서 '개방적 구조'로의 3가지 패러다임을 전환해야 한다.[16] 이러한 전환을 위해서는 공동체가 다음과 같은 사역의 실제적인 전환이 필요하다.

첫째, 선교의 대상을 사람만이 아니라 우리가 속한 전체 공동체로 삼는 전환이 필요하다. 하나님 나라 건설과 그 사명을 받은 하나님의 백성들로서 단순히 인간의 영혼을 구원하는 것을 넘어서서, 인간 영혼뿐만 아니라, 그들의 삶의 상황과 정치, 경제, 사회적인 구조, 나아가 그 안에 살고 있는 다른 피조물들을 선교의 대상으로 고려한다.

둘째, 공동체 안에서 다양한 선교를 격려한다. 다양한 은사들과 비전들을 가진 공동체들이 형성되면 다원화된 사회 안에서 다양한 선교를 수행할 수 있을 것이다. 공동체 안의 다양한 소그룹 활동의 장점을 살리고, 획일적이고 일방적인 공동체의 단점을 극복해야 한다. 관리적 차원에만 머물렀던 수동적이며, 목회자 중심적인 활동에서 벗어나 선교 지향적이며, 은사와 열정에 따라 나누어진 자발적인 공동체로 발전되어야 한다. 다양한 사역들이 자율적으로 드러나 보다 건강한 공동체로 만들어 가야 한다.

이러한 대안적 모델로는 이번 저서를 통해 필자가 코로나19 이후 사

---

16 장성배, "전문화 목회와 교회성장" 『창조적 목회 개성 있는 교회』(서울: 진흥출판사, 2006), 20~25.

역 매뉴얼로 소개하는 미국 세이비어교회의 소그룹 미션그룹을 모범적인 모델로 들 수 있다. 세이비어교회는 진정으로 세상을 변화시키기 위해 고도의 영적 훈련을 받은, 자발적으로 헌신할 수 있는 사람들로 구성된 소그룹 공동체에 의해 다양한 지역사회의 문제에 맞는 섬김의 사역들을 감당하고 있다.

셋째, 사역자 중심의 공동체에서 헌신된 평신도 리더들 중심으로의 변화를 추구해야 한다. 미래 사회는 보다 전문화된 형태로 분화하므로, 목회자 한 사람의 능력으로는 모든 영역을 책임질 수 없다. 평신도의 역량을 최대한으로 살리는 공동체로 나아가야 한다.

넷째, 공동체 안의 소외 구조를 없애도록 한다. 은사 공동체로서의 기독교 공동체는 성령께서 누구에게나 몸 된 교회를 섬길 수 있을 은사를 주셨다. 따라서 교회 안의 모든 구성원은 나름대로의 사역을 수행하도록 저마다의 은사를 발견하고, 개발하도록 도와주어 하나님 백성 공동체로서의 사역을 수행하게 한다.

다섯째, 다른 사람들을 위한 공동체, 다른 사람들과 함께하는 공동체 구조로 전환한다. 공동체의 필요에 귀를 기울이고, 그들의 필요에 따라 공동체를 운용한다.

한국기독교 공동체는 각자의 현실에 적합한, 효과적인 목회 철학이 무엇이며 이를 뒷받침할 실천적인, 현장성 있는 '실천전략들의 부재'가 원인이라는 게 중론이다. 목회현장 중심, 수요자 중심의 목회 철학이 생겨나고 잘 적용되는 것이 절실하다.

그러기 위해서는 지도자들의 분별력, 추진력, 설득력 등 목회자 리더십이 무엇보다 시급한 시점이다. 교회의 리더는 이러한 실천적 리더십을 바탕으로 각자의 목회상황에 맞는 새로운 비전을 제시하는데 최선을 다해야 할 것이다.

이 위기의 시대에 한국교회가 각자가 처한 상황 가운데 바른 성서적 공동체관에 근거한 사역 철학과 각 공동체의 특성에 맞는 사역 전략을 세우고, 교회 안의 작은 교회인 소그룹 공동체들을 통해 구체적으로 세상을 섬기는 서번트 목회의 목표를 이루어 나가야 할 큰 도전 앞에 놓여 있다.

오늘날 한국교회를 향한 신학적 성찰[17]

– 이호운 목사, 1961년, 감리교대전신학교(목원) 창립 10주년을 맞이하며 –

오늘날 우리 대전 신학교(목원)를 보고 "너는 무엇 때문에 세워졌느냐?"고 묻는다면 우리는 이렇게 대답할 것입니다. 곧 학문의 상아탑 속에서 백일몽을 꿈꾸는 얼굴이 창백한 골 샌님을 기르는 것이 아니요, 정통, 이단의 교리 싸움을 하는 독선의 독주에 취한 정통주의자, 율법주의자들을 양성하려는 것도 아니며 처세술에 능하고 기술에 익숙한 직업적인 밥벌이 꾼을 생산하려는 것은 물론 아니요, 맹목적인 동조자들과 어수룩하게 충성을 다하는 졸개들을 키워서 파를 짜고 당을 지어서 교권을 휘두를 세력을 배양하려는데 목적이 있는 것은 전혀 아닙니다. 그러면 무엇인가? 그것은 단순합니다. 우리가 소중히 지니고 실현시키려고 애쓰고 힘쓰는 꿈은 복음의 실제화와 생활

---

17 이종명 목사, '이호운 목사, 목원대 창립 10주년 기념사' 한국서번트리더십훈련원 강의자료, 2019년 4월 17일.

화이요, 복음의 대중화와 민중화입니다.

교회는 회개, 중생, 구원을 말해왔지만 세상의 부패한 정치와 굶주린 사람들과 소망 잃은 수많은 사람을 거의 외면하다시피 했습니다. 교회 안의 생활과 밖의 생활이 전혀 다르며 우리의 기도와 실생활이 전혀 다른 세계인 것을 우리는 봅니다. 그래서 우리는 우리가 할 수 있는 최대한의 노력으로 복음의 진리를 일상생활 속에서 살아 보이고 복음이 어떤 층, 특히 중산계급의 일부 사람들에게만 독점되어 있게 하지 않고 복음을 들고 대중 속으로 들어가서 평민들과 함께 살며 그들의 친구가 되어, 우리들의 생활을 통하여 복음을 살려보려는 것입니다. 우리는 가난하거나 넉넉하거나 영과 육이 병든 사람들을 치유하여 영도, 육도 건전해지고 물질도 넉넉한 생활을 하는 사회를 만들어 보자는 것입니다. … 높고, 거룩하고, 영원한 하나님의 말씀을, 민중의 일상생활에서, 가정에서, 지역사회에서 반영시키고 그대로 실천해보려는 것입니다. 갈릴리, 사마리아, 디베랴호수, 변화산, 감람산, 가버나움, 수가, 예루살렘 거리에서 세리와 창기와 문둥병자, 귀신들린 사람들과 함께 느끼고 말하고 걱정하고 애타했으며 그들과 함께 사신 예수님처럼 대중 속에서 대중과 함께 살며 주님의 말씀을 오늘날 우리의 삶 속에서 살아내자는 것입니다.

6. 나가는 말

1) 한국교회의 위기에 대한 대안

"이 시대 한국교회는 한국 사회의 거울인가?' 세상이 오히려 교회를 향해 던지는 이 질문에 '당연히 그렇다'라고 자신 있게 대답할 수 없음은 이 시대를 사는 기독교인들의 고민이다. 이러한 한국교회 상황 가운데, 지난 2005년부터 한국교회에 소개한 세이비어교회는 코로나19 이후 전환의 시대에 진정한 교회를 추구하는 기독교인들에 신앙의 성찰과 교회의 역할에 대해 소개한 바와 같이 미래교회에 실제적인 통찰력을 주는 모델이다.

그동안 한국서번트리더십훈련원의 서번트 목회 사역의 경험을 통해 세이비어교회와 고든 코스비 목사의 목회비전은 그저 미국적 상황에만 적용되는 것이 아니라는 사실이 응고되었던 목회의 초심을 흔들었다. 세이비어교회는 교회 개척부터 철저한 입교과정과 고난의 훈련과정, 그리고 절제된 성취감 등이 사역으로 나타나는 공동체이고 이는 현재에도 미국의 많은 기독교인은 물론 비기독교인들의 마음까지 움직이는 이 코로나 팬데믹 시대에 길을 찾는 우리 모두에게 방향을 제시할 수 있는 모범이 될 만한 특별한 교회의 모델이다.

2) 영성과 사역 일치를 통한 교회 모델제시

세이비어교회는 소개한 바와 같이 깊은 영성뿐 아니라 예수 중심의 사회적 활동을 소그룹들을 통해 소명받은 평범한 교인들이 합심하여 펼치는 모범적 교회이다. 소개된바 영성Inward Journey과 사역Outward Journey의 균형을 소그룹 공동체를 통해 실천하는Journey Together 것을 강조하며 행함Doing 이전에 존재Being가 얼마나 중요한지 그들의 삶과 사역을 통해 보여주고 있다.

세이비어교회는 1947년 교회설립 때부터 지금까지 150명의 정교인을 넘어본 적이 없는 교회이다. 그러나 지난 70여 년의 교회역사를 통해 빈민지역의 저소득층과 노숙자, 마약 중독자 등을 섬기며 45가지 이상의 사역과 연간 2천만 불 이상의 예산을 집행하는 것은 실로 놀라운 일이 아닐 수 없다. '많은 숫자는 거의 필연적으로 비인격화와 제도주의로 향하고 헌신을 약화시킨다. 이것은 실로 반문화적이어서 깊이를 가지고 세상문화의 중독을 거부하고 진정으로 복음의 증인이 되는 사람들의 공동체에 불리하게 작용한다. 그렇기 때문에 내적인 영성과 외적인 삶과 사역, 그리고 사랑과 책임 있는 공동체에 중점을 둔 작지만 고도로 헌신되고 훈련된 사람들의 공동체가 세상을 변화시킬 수 있다.'[18]는 코스비 목사의

---

18 유성준, 『미국을 움직이는 작은 공동체, 세이비어교회』, 43.

지적은 교회성장만을 목회의 목표나 기준으로 삼는 교회의 어두운 현실을 볼 때 그 시사하는 점이 크다고 하겠다.

1994년부터 세이비어교회 문턱을 넘나들며 10여 년간 서번트리더십학교에 참여하고 배우고 목회에 적용하였고 2004년부터 한국교회에서 사역하며 강조하였던 것처럼 서번트 목회에 관심이 있는 독자들은 무엇보다 자신의 신앙적 비전, 목회비전을 고민하기에 앞서 자신의 신앙적인 배경, 회심의 경험, 은사, 소명 등 삶의 전 지경을 포함하는 '영적 자서전'을 써 보기를 권한다. 그리고 교회에서의 섬김 이전에 진정한 섬김의 적용을 위해 먼저 하나님의 비전 안에서 사는 결단이 필요하다.

세이비어교회 모델을 우리의 교회 현실에 재조명하기 위해 질문할 것은 첫째, '성서에서 말하고 있는 교회의 본질은 무엇인가?' 이다. 한국서번트리더십훈련원에서 강조하는 참된 교회는 내적인 여정과 외적인 여정, 하나님 사랑과 이웃 사랑을 소그룹을 통해 함께 실천하는 것이다. 둘째는, '내가 속한 교회는 그 본질을 유지하는가? 그렇지 못하다면 이유는 무엇인가?' 의 점검이다. 셋째는, '내가 속한 교회의 구조(입교과정, 지속적인 훈련과정)는 교인들에게 교회의 본질을 양육할 수 있도록 준비되어 있는가, 또는 아닌가?' 를 묻는다. 넷째는, '현재 내가 속한 교회는 참된 교회의 본질을 구체적으로 실천하고 있는 것은 무엇인가' 이다. 이 물음들은 결국 우리가 속한 교회의 구조가 예수님의 복음과 세상에 대한 예수님의 사역을 받아들이도록 진단하는 실제적인 도움을 준다.

마태복음 4장에 예수님을 광야에서 유혹한 마귀의 세 가지의 시험은 우리에게 '현실적이 되라', '유명해지라', '권력을 가지라' 는 유혹을 어떻게 극복할 수 있을지 질문하고 있다(마 4:1~11). 부활하신 예수님이 요한복음 21장에 예수님을 세 번 부인한 베드로에게 세 번 '네가 나를 사랑하느냐?'라 물으시고 '내가 주님을 사랑하는 줄을 주님께서 아시나이다'라고 대답할 때 그 대답을 들으시고 '내 양을 먹이라(치라)'고 새롭게 소명을 허락하셨다(요 21: 15~17). 예수님의 이 지적은 오늘날 한국교회가 세상 문화에 중독된 교회 현실과 성공 지향적이고 사역중심적인 목회를 인정하고 변혁해야 할 핵심적인 질문이고 미래목회의 중요한 방향을 제시하는 나침반이 될 수 있을 것이다.

3) 한국교회 리더들에게 던지는 질문

"현대와 같이 세속화되고 이기적이고 패역한 세대에 예수처럼 사는 것이 가능한가?"라고 질문하고 싶다. 이 질문에 '그렇다'라고 대답할 수 있고 말만 그렇게 하는 것이 아니고 실제적으로 세상 문화에 중독되어 있는 현실에 타협하는 것을 단호히 거부할 때 한국교회는 희망을 품을 수 있다. 오늘 우리 주변 교회의 현실을 비추어 볼 때 실로 안타까움과 답답함을 감출 길이 없다.

지난 목회 40년을 보내며 교회의 외적 성장으로 내가 스스로 큰 사람으로 오해하며 정체성의 위기Identity Crisis에 빠져 자신의 권력과 유명세를 떨치는 리더들과 반면에 주눅 들어 주변을 맴도는 리더들을 많이 만나왔다. 때로는 자립교회로 피상적인 선교나 사회봉사 사역을 펼치며 현실에 안주하는 교회 리더들은 없는지 돌아보게 된다. 또한 나 홀로 성경적인 참된 교회를 회복하기 위해 노력하는 것이, 나의 의를 드러내는 것 같다는 핑계로 회피하거나, 교인들의 철저한 영적 훈련에서도 교인들의 헌실적인 고민을 배려한다는 이유로 현실과 타협하여 현상유지에 머물러 있지는 않았는지 우리 자신을 돌아보게 된다.

이번에 출간한 『새로 쓰는 세이비어교회 이야기』에서 21세기 가장 혁신적인 교회의 모델인 '서번트 목회 매뉴얼'은 오늘날 한국교회의 미래목회에 실제적인 대안을 제시하는 통찰력을 주고 있다고 확신한다. 코로나19 팬데믹 상황에 우리 모두의 지나온 목회 여정을 돌아보며 미래목회에 새로운 전환점이 되며 각자 상황에 따라 서번트 목회를 재해석하고 실제적으로 적용하기를 기대한다.

"예수님의 찬미자가 되는 것은 예수님의 추종자가 되는 것보다 훨씬 쉽다"는[19] 키에르케고르의 지적처럼 과거 한국교회는 예수를 찬미하는 교인이라도 많았으나 오늘의 한국교회는 정작 예수를 찬미하는 교인들조차 적다는 점에서 세이비어교회의 영성과 사역의 일치는 우리에게 큰 도전이 된다. 『새로 쓰는 세이비어교회 이야기』가 코로나19 상황 가운데 교회가 심각한 위기인 전환의 시대에 기독교인 한 사람 한 사람의 영성을 통한 자연스러운 섬김의 사역들이 세상을 향해 예수의 복음과 사랑을 전하게 된다는 가장 기독교적 진리를 재확인시켜주는 한국교회의 혁신요청서가 되기를 기원한다.

19 위의 책, 53.

참고문헌 및 연관자료

■국내 자료

김균진.「교회론」. 서울: 연세대학교 출판부, 1993.

김영국.「공동체」. 서울: 생명의말씀사, 1995.

김정준. "이스라엘 신앙과 민족 공동."「신학연구」 제14집, 1973.

김진두.「존 웨슬리의 실천신학」. 서울: KMC, 2004.

김현진.「공동체 신학」. 서울: 예영커뮤니케이션, 2005.

문석호.「한국교회와 공동체 운동」. 서울: 줄과추, 1998.

박근원. "제3세계의 교회와 영성"「기독교사상」 1987년 1월호.

박형순.「변혁적 서번트 리더십」. 서울: 쿰란출판사, 2004.

방선기. "기독교 사회참여와 공동체."「목회와신학」 1990년 12월호.

손인웅. "변화하는 시대의 목회." 실천신학대학원 강의. 서울: 덕수교회, 2011.

신완성.「컬러 리더십」. 서울: 더난출판사, 2005.

오성춘.「영성과 목회」. 서울: 장로회신학대학교 출판부, 2000.

유기종.「기독교 영성, 영성신학의 재발견」. 서울: 은성, 1997.

유성준.「미국을 움직이는 작은 공동체, 세이비어교회」. 서울: 평단문화사, 2005.

______.「세이비어교회 실천편」.서울: 평단문화사, 2006

______.「예수처럼 섬겨라」. 서울: 평단문화사, 2009.

______.「한국교회 희망은 있는가」. 서울: 공옥출판사, 2018.

______.「서번트 리더십과 한국교회 갱신」. 서울: 열린출판사, 2019.

은준관.「교회, 선교, 교육」. 서울: 전망사, 1982.

______.「실천적 교회론」. 서울: 한들출판사, 2006.

______.「신학적 교회론」. 서울: 한들출판사, 2006.

이계준. "기독교 대학의 정체성과 미래의 과제."「대학과 선교」 제2집. 서울: 대학선교학회, 2000.

이관웅.「신뢰 경영과 서번트 리더십」. 서울: 엘테크, 2003.

이상근.「신약주해 누가복음」. 서울: 대한예수교장로회 총회교육국, 1882.
이완재.「영성 신학 탐구」. 서울: 성광문화사, 2000.
이종성.「교회론」 상권. 서울: 대한기독교출판사, 1989.
______.「조직신학개론」. 서울: 종로서적, 1986.
이후정.「성화의 길」. 서울: 대한기독교서회, 2007.
장성배.「창조적 목회 개성 있는 교회」. 서울: 진흥출판사, 2006.
장학일.「예수마을 이야기」. 서울: 쿰란출판사, 2011.
전경연 편.「신약의 교회개념」. 서울: 대한기독교서회, 1982.
정태일. "공동체의 형성과 과제."「교육교회」. 1989년 4월호
조종남 편저.「세계복음화운동의 역사와 정신」. 서울: 한국기독학생회 출판부, 1990.
______.「요한 웨슬레의 신학」. 서울:대한기독교서회, 1984.
______.「웨슬리의 갱신운동과 한국교회」. 서울: 대한기독교서회, 2006.
최영기.「목자의 마음」 서울: 두란노, 2020.
한정애.「작은 공동체 운동」. 서울: 한국신학연구소, 1997.

■ 번역자료

장 바니에. 성찬성 역.「공동체와 성장」. 서울: 성바오로출판사, 1987.
S. 헬레나.「레오와 서번트 리더십」. 서울: 엘테크, 2006.
Banks, Robert & Julia. 장동수 역.「교회, 또 하나의 가족」. 서울: 한국기독학생회 출판부, 1999.
Bonhoeffer, Dietrich. 문익환 역.「신도의 공동생활」. 서울: 대한기독교서회, 1964.
______. 손규태·이신건 공역.「나를 따르라」. 서울: 대한기독교서회, 1997.
Cosby, Gordon. 유성준 역.「위대한 사랑의 힘에 사로잡힌 삶」. 서울: 평단, 2015
Covey, Stephen R. 김경섭·박창규 공역.「원칙 중심의 리더십」. 파주: 김영사, 2005.
Gladwell, Malcolm. 임옥희 역.「티핑 포인트」. 서울: 21세기북스, 2004.
______. 노정태 역.「아웃라이어」. 서울: 김영사, 2010.
Greenleaf, Robert K. 강주헌 역.「리더는 머슴이다」. 서울: 참솔, 2001.
Hamilton, Adam. 유성준 역.「장벽을 넘어 인도하라」. 서울: KMC, 2009.
______. 유성준 역.「세상을 바꾼 24시간」. 서울: KMC, 2009.
Hoekendijk, Johannes. C. 이계준 역.「흩어지는 교회」. 서울: 대한기독교서회, 1997.
Jay, Eric G. 주재용 역.「교회론의 역사」. 서울: 대한기독교출판사, 1986.
Küng, Hans. 이홍근 역.「교회란 무엇인가?」. 경북: 분도출판사, 1978.

Macquarrie, John. 장기천 역.「영성에의 길」. 서울: 전망사, 1980.
McGinn, Bernard & Meyendorff, John & Leclercq, Jean. 이후정 외 공역.「기독교 영성 1」. 서울: 은성, 1997.
Nouwen, Henri J. M. 두란노 출판부 역.「예수님의 이름으로」. 서울: 두란노, 1998.
Rack, Henry D. 김진두 역.「존 웨슬리와 감리교 부흥」. 서울: 감리교신학대학교 출판부, 2001.
Rice, Howard L. 황성철 역.「개혁주의 영성」. 서울: 기독교문서선교회, 1995.
Snyder, Howard A. 명성훈 역.「교회사를 통해 본 성령의 표적」. 서울: 나단, 1994.
Stott, John R. W. 한화룡 역.「복음전도와 사회적 책임」. 서울: 두란노서원, 1988.
Webber, Robert E. 이승구 역.「기독교 문화관」. 서울: 엠마오, 1989.

■ 연관되는 해외자료

Allison, James. *Knowing Jesus.* Springfield, IL: Temple Gate, 1994.
Buttrick, David. *The Mystery and Passion of Christ.* Minneapolis, MN: Fortress Press, 1992.
Caraman, Phillip. *Ignatius Loyola.* New York: Harper & Row, 1990.
Cosby, Gorden. *A Possible New Form of Church.* Washington DC: Potter's House Book Services, n.d.
______. *By Grace Transformed.* New York: The Crossroad Book, 1999.
______. *The Givens of an Authentic Church.* Washington DC: Poter's House Book Services, n.d.
Cosby, Gordon and Mclurg, Kayla. *Radical Newness: the Essence of Being Church.* Washington DC: Potter's House Book Services, n.d.
David, Buttrtick. *What on Earth is a Kingdom of God?.* 팸플릿 자료.
Devers, Dorothy. *Faithful Friendship.* Cincinnati, OH: Forward Movement Publications, 1980.
Dever, Dorothy and Cosby, Gordon. *Handbook for Churches and Mission Group.* Washington DC: Potter's House Book Services, n.d.
Dickinson, Emily. *Selected Poems and Letters.* Edited by Robert N. Linscott. Garden City, NY: Doubleday Anchor Books, Doubleday & Co. Inc., 1959.
Douglas-Klotz, Neil. *Prayers of the Cosmos: Meditations on the Aramaic Words of Jesus.* San Francisco, CA: Harper SF, 1993.

Ellul, Jacques. *The Presence of the Kingdom.* New York: Seabury Press, 1967.

English, John J. *Spiritual Intimacy and Community: An Ignatian View of the Small Faith Community.* Mahwah, NJ: Paulist Press, 1993.

Farnham, Suzanne. *Listening Hearts: Discerning Call in Community.* Ridgefield, CT: Morehouse Publishers, 1992.

Foster, Richard J. *Prayer: Finding the Heart's True Home.* San Francisco CA: Harper SF, 1992.

Fox, Matthew. *The Coming of the Cosmic Christ.* San Francisco CA: Harper SF, 1988.

Friend, W. H. *The Rise of Christianity.* Philadelphia: Fortress Press, 1984.

Haley, R. L. *The Radical Vision of the Church of the Savior.* Washington DC: Tell the Word, n.d.

Hilfiker, David. *Not All of Us Are Saints: A Doctor's Journey with the Poor.* New York, NY: Hill and Wang, 1994.

Jennings Jr., Theodore W. *Good News to the Poor.* Nashville: Abingdon Press, 1990.

John of The Cross. *Ascent of Mt. Carmel.* Garden City, NY: Doubleday & Co. Inc., 1958.

Keating, Thomas. *Open Mind, Open Heart: The Contemplative Dimension of the Gospel.* New York, NY: Continuum, 1994.

______. *Invitation to Love.* Continuum International Publishing Group. New Ed edition, 1994.

Kelly, Thomas. *A Testament of Devotion.* San Francisco, CA: Harper SF, 1992.

Kelsey, Morton. *Encounter with God.* Minneapolis. MN: Bethany Fellowship Inc., 1972.

______. *The Other Side of Silence, A Guide to Christian Meditation.* Paramus, NJ: Paublist Press, 1976.

Kinsler, Ross & Gloria. *The Biblical Jubilee and the Struggle for Life.* Maryknoll, NY: Orbis Books, 1999.

May, Gerald. *The Awakened Heart: Living Beyond Addiction.* NY: Harper SF, 1993.

______. *Spiritual Direction and Meditation.* Collegeville, MN: Liturgical Press, 1960.

Meyer, Richard C. *One Anathering: Biblical Building Blocks for Small Group.* San Diego, CA: Lura Media, 1990.

Moltmann, Jurgen. *The Open Church: Invitation To a Messiaen Lifestyle.* London: SCM Press, 1978.

Myers, Ched. *The Biblical Vision of Sabbath Economics.* Tell the Word, Church of the Saviour, 2001.

Nouwen, Henri. *In the Name of Jesus.* New York, NY: Crossroad, 1989.

______. *The Way of the Heart.* New York, NY: Ballantine Books, 1981.

______. *The Life of the Beloved.* New York, NY: Crossroad, 1992.

O'connor, Elizabeth. *Call to Commitment.* Washington DC: Servant Leadership Press, 1995.

______. *Journey Inward, Journey Outward.* New York: Harper & Row, 1968.

______. *Servant Leader, Servant Structures.* Washington DC: Potter's House Book Service, 1991.

Park, Andrew Sung & Nelson, Susan L. *The Other Side of Sin*. New York Press, State University, 2001.

Parker, Palmer. *Leading from Within.* Pamphlet. Washington, DC: Servant Leadership Press, 1990.

Pannenberg, Wolfhart, *Theology and the Kingdom of God*. Philadelphia: The Westminster Press, 1969.

Pennington, M. Basil. *Centering Prayer: Renewing an Ancient Christian Prayer Form.* Garden City, NY: Doubleday & Company, 1980.

Rohr, Richard. *Great Themes in Scripture: Old Testament*. Cincinnati, OH: St. Anthony's Messenger Press, 1987.

Rohr, Richard, Feister, John Bookser. *Jesus' Plan for a New World.* Saint Anthony Messenger Press and Franciscan; 1st edition, 1996.

Schaef, Anne Wilson. *When Society Becomes an Addict.* San Francisco: Harper Reprint edition, 1988.

Sider, Ronald J. *Rich Christians in an Age of Hunger*. Dallas: W Publishing Group, 2005.

Smith, Martin L SSJE. *Love Set Free.* Cambridge and Boston: Cowley Publications, 1998.

Spoto, Donald. *Reluctant Saint: the Life of Francis of Assisi.* Philadelphia, PA: Augsburg Fortress Publishers, 1999.

Teresa of Avila. *The 'Way of Perfection.* New York, NY: Doubleday, 1991.

Tolle, Eckart. *The Power of Now.* New World Library; Reprint edition, 2004.

Vanier, Jean. *From Brokenness to Community.* Mahwah. NJ: Paulist Press, 1992.

______. *Becoming Human.* Mahwah, NJ: Paulist Press, 1999.

Wesley, John. *A Plain Account of Christian Perfection.* London: Epworth Press, 1968.

Westley, Dick. *Good Things Happen: Experiencing Community in Small Groups.* Mystic, CT: 23rd Publications, 1992.

Willard, Dallas. *The Divine Conspiracy.* Harper SanFrancisco, 1st edition, 1998.

______. *Living in the Vision of God.* Tell The Word, 2003.

______. *Renovation of Heart: Putting on the Character of Christ.* Colorado Springs, Co: Navpress, 2002.

Wink, Walter. *Prayer and the Powers.* Washington, DC: Servant Leadership Press, 1993.

Young Jr. W. A. *What on Earth is the Kingdom of God?.* Xulon Press. 2002.

한알의 밀알 55

유성준 교수가 새로 쓴
세이비어교회 이야기
미래교회 꼼꼼한 대안

지은이 유성준
펴낸이 최병천

펴낸날 2022년 1월 20일(초판1쇄)
2024년 11월 20일(초판2쇄)

펴낸곳 신앙과지성사
출판등록 제9-136 (88. 1. 13)
주소 | 서울시 서대문구 연희로 177 옥산빌딩 2층
전화 | 335-6579 · 323-9867 · (F) 323-9866
E-mail | miral87@hanmail.net
홈페이지 | http://www.miral.co.kr

ISBN 978-89-6907-272-6 04230
ISBN 978-89-85602-48-8 (세트)

값 17,000원